L'auteur

Né à Paris le 20 septembre 1947 au sein d'une famille modeste, Richard Khaitzine est de formation autodidacte. Dès 1967, il explore les domaines les plus divers : la littérature internationale, la psychologie, la psychanalyse ainsi que les différentes philosophies et religions.

Après vingt-quatre ans de carrière bancaire, il vit en 1987 une expérience de « lâcher prise » qui l'amène à remettre radicalement en question sa vision du monde.

Membre des plus grands cercles d'études traditionnelles et de sociétés initiatiques, il s'attache maintenant à faire connaître la Tradition et les techniques de développement personnel.

Collection L'Âge d'Être
dirigée par Laurence Fritsch

—

L'ÂGE D'ÊTRE ET SES TECHNIQUES
Marie Borrel — Ronald Mary

CES POUVOIRS QUI SONT EN VOUS
John Volkmar

TRANSFORMEZ VOS DÉSIRS EN RÉALITÉ
Richard Khaitzine

LA MORT EST UN NOUVEAU SOLEIL
Elisabeth Kübler-Ross

NAÎTRE ET RENAÎTRE DANS L'EAU
Michel Odent

LA VIE SECRÈTE DES PLANTES
Peter Tompkins — Christopher Bird

TRANSFORMEZ VOS DÉSIRS EN RÉALITÉ

L'AGE D'ETRE

RICHARD KHAITZINE

Transformez vos désirs en réalité

PRESSES POCKET

ISBN : 2-266-03693-9

Le monde est notre cahier d'écolier, sur ses pages nous faisons nos exercices.
Il n'est pas réalité quoique tu puisses y exprimer de la réalité
si tu le désires.
Tu es également libre d'écrire des inepties, ou des mensonges, ou de déchirer
les pages.

Richard Bach, *Illusions*

Sommaire

Introduction

La visualisation, un acte de confiance en soi ... 21

L'énergie, force primordiale 26

Comment se mettre en état de pratiquer la visualisation?

Les clés de la réussite: relaxation et concentration 31
Où, quand et comment se relaxer 32
Notre méthode de relaxation rapide 33
La concentration 34
Technique favorisant la concentration 35
Expérience guidée de visualisation 37

Rétablir sa santé 41
Visualisation du soleil 42
Visualisation d'un champ de blé 45
Visualisation d'une pelouse 46
La douche cosmique 47

Les affirmations 50
La conviction 51
Utilisez le présent 52
Nature des affirmations 52
Pourquoi utiliser les affirmations? 55

L'attitude mentale et morale 60
Définir le motif 61
Définir le but 62
Le mérite 63
Ne pas limiter la demande 64
Ne pas discuter pour ses limites 65

La visualisation au quotidien

La programmation 71
La force du désir 74
La confiance 74
La faculté d'accepter 75
La programmation de l'abondance 76

Comment pratiquer la méditation? 82
La méditation « passive » 84
La méditation « active » 85
La méditation sur l'abondance 87

La loi trinitaire et ses applications 93
Les trois niveaux d'existence 97
Les trois points de la visualisation 98
La loi trinitaire et la visualisation 99

Expériences guidées. Visualisation et obtention de biens matériels. 101
Expérience: l'abondance matérielle. 101
La visualisation 104

Expériences guidées. Visualisation, rencontres et relations amicales ou amoureuses 120
Les relations amoureuses 124
Les relations amicales et professionnelles 131

Techniques pour les petits et les grands enfants: le lâcher prise 135
Visualisation de la bulle 136
Le lâcher prise 134

Visualisation et santé

Visualisation et magnétisme 145
Historique 147
Réflexions sur l'alimentation 149
Comment magnétiser un verre d'eau? 151
Comment magnétiser les aliments? 152

Développement des centres d'énergie 155
Premier exercice 156
Second exercice 157
Pour finir 158

Procédés d'autoguérison 162
Comment capter l'énergie cosmique 164
Procédés d'autoguérison 165
Méthode d'autoguérison 172

Guérir les autres à distance 178
Méthode de guérison à distance 180
Traitement spécial d'urgence 183
Autre méthode de guérison à distance 184

Comment magnétiser en direct? 189
Protection 189
Traitement 191
Technique du balayage 193
Dépoussiérage du magnétiseur 193

La visualisation et votre beauté 197

Les fondements physiques de la visualisation. La Constitution de l'Univers

De l'infiniment petit à l'infiniment grand 205
La constitution du monde selon les anciens 206

Physique et métaphysique 211
Les principes du fonctionnement physique de la visualisation 221
Une merveilleuse alchimie 231

Introduction

Chacun d'entre nous est en mesure de se créer l'existence à laquelle il aspire. Contrairement à une idée reçue et largement répandue, la malchance n'existe pas. Il est fréquent d'entendre dire : « Je suis né sous une mauvaise étoile. » Dans l'esprit de ceux qui formulent une telle assertion, il s'agit de cautionner leurs échecs en les mettant sur le compte d'une hypothétique malchance. De même qu'il n'existe pas d'étoile aux influences totalement néfastes, il n'existe pas de malchance. La malchance, autrement dit la contrepartie négative de la chance, est un état que nous créons en y croyant. Il s'agit, en quelque sorte, d'un phénomène de suggestion pouvant être comparé à un désir inconscient d'échouer dans nos tentatives visant à trouver le bonheur.

Les raisons d'une telle autopunition peuvent être de différentes natures et relèvent de facteurs variés : éducation, formation religieuse ou philosophique, complexe de culpabilité... La recherche des motifs ou raisons d'une attitude destructrice telle que celle-ci n'entre pas dans le cadre de ce travail, aussi nous garderons-nous de développer ce point.

Disons cependant que les événements négatifs de notre existence surviennent parce que nous les attirons, un peu comme un aimant attire la limaille de fer. Il est évident que si nous pouvons attirer des événements désagréables, l'inverse doit être possible. Tel est le but de la visualisation.

Notre démarche vise par conséquent à vous apprendre à maîtriser votre destin. Maîtriser son destin consiste à ne plus être passif, donc à subir, mais plutôt à agir afin de se construire une existence sur mesure, une existence heureuse correspondant à nos aspirations les plus profondes.

Nombreuses sont les définitions de la *visualisation*.

Selon certains, il s'agit d'une technique permettant de mobiliser nos ressources intérieures pour atteindre le succès.

Selon d'autres, la visualisation serait une sorte de pratique magique.

Ces définitions sont exactes mais incomplètes, car elles omettent un facteur important.

La visualisation correspond avant tout à une mise en harmonie avec l'Univers. En tant que technique, elle repose sur des lois physiques, des fondements parfaitement scientifiques.

Supposons que vous souhaitiez peindre un tableau. Il est évident qu'il vous faudra connaître un minimum de technique et qu'une fois en possession de cette technique, vous aurez tout loisir d'exprimer sur votre toile ce que vous désirez reproduire. A ce stade, vous pouvez utiliser des couleurs sombres et il est probable que vous obtiendrez un tableau chargé de mélancolie, de tristesse. A l'inverse, vous avez la possibilité d'user de teintes vives, éclatantes, lesquelles auront pour résultat de conférer à votre composition une note de joie, de bonheur.

Dès les premiers chapitres de ce livre vous pourrez constater que les techniques de visualisation ressemblent fortement à la composition d'un tableau, mais d'un tableau devenu vivant, donc réel.

Nous avons affirmé que la malchance n'existe pas. En revanche, la chance existe et il nous appartient d'en créer les conditions. Plus qu'une simple possibilité, il s'agit d'un devoir, car l'être humain est fait pour *être heureux*. En chacun de nous réside la faculté de choisir son existence et, tout bien considéré, la vie n'est qu'une succession de choix, choix d'être heureux, choix de ne pas l'être. Or, il est évident qu'aucune personne sensée n'opterait pour une existence pénible de son plein gré.

Le propos de ce livre est de vous donner la possibilité d'apprendre à *créer votre vie*, à la choisir et surtout à la *réaliser* telle que vous l'aimeriez. Pour ce faire, en schématisant quelque peu, vous découvrirez comment composer un tableau mental, une représentation idéale de chacun des événements que vous désirerez voir se produire. Grâce aux techniques de visualisation, vous parviendrez à actualiser, autrement dit à rendre vraies des situations au départ fictives.

Il ne s'agit aucunement d'une méthode compliquée ou rébarbative et nous nous efforcerons de faire en sorte que vous trouviez cet apprentissage amusant, plaisant et qu'il soit une source sans cesse renouvelée de satisfactions.

Comme vous, dans le passé, j'ai lutté afin d'obtenir une existence correspondant à mes aspirations, avec le sentiment souvent déprimant de n'avoir aucune prise sur le destin. A tel point qu'il me semblait parfois que des forces adverses s'évertuaient à contrecarrer mes projets. Par conséquent, je sais, pour en avoir fait la douloureuse expérience, ce qu'une telle situation peut engendrer de déception et de lassitude.

La *visualisation* a véritablement changé ma vie et j'aspire à vous faire bénéficier de ses immenses possibilités et des bienfaits qui découlent de son utilisation.

Un livre différent

En effet, la plupart des ouvrages consacrés à la visualisation disponibles en France sont des traductions d'écrits américains. Le public français possède un système de pensée différent de celui des Américains. Plus exigeants, nos compatriotes se contentent rarement d'un système, quel qu'il soit, dont ils ne comprennent pas le fonctionnement.

Or la visualisation repose sur des fondements précis :

— la structure de l'Univers et les lois qui régissent sa marche ;
— des principes physiques démontrés par la science ou en voie de l'être.

Les auteurs américains, le plus souvent marqués par une école précise, se croient obligés de faire intervenir dans leur exposé une terminologie religieuse. Cette démarche engendre parfois un sentiment de malaise chez des lecteurs imprégnés d'une culture différente ou qui n'auraient aucune croyance. En matière de visualisation, un tel langage ne s'impose absolument pas, d'autant plus que les différentes religions sont en général des sources de discorde reposant sur un certain sectarisme. Or, toutes les religions possèdent les mêmes racines et sont issues d'un tronc commun, ce que l'on nomme habituellement la « Tradition Primordiale ».

Enfin, nous présenterons en fin de chapitre un tableau synoptique.

Quant aux fondements physiques de la visualisation, l'homme est une petite représentation de l'Univers. A ce titre les lois qui régissent celui-ci régissent également l'existence humaine. L'être humain n'est pas uniquement constitué de matière, une créature de chair et de sang. Il est animé d'un principe de vie que nous désignerons sous le nom d'Esprit, terme neutre n'ayant aucune connotation religieuse ou philosophique.

De même, l'Univers n'est pas composé de la seule matière. Ce que nous nommons la réalité n'est en fait qu'une réalité objective, celle qui est restituée à nos sens physiques par l'intermédiaire des ondes de quelque nature qu'elles soient.

La visualisation est fondée sur ces quelques principes, lesdits principes étant abondamment développés au sein de la quatrième partie de notre ouvrage. Nous avons choisi de placer intentionnellement ce sujet en fin de volume en raison de son caractère quelque peu technique, ce qui pourrait rebuter des lecteurs peu familiarisés avec le langage scientifique.

Quant au lecteur désireux de s'en tenir à la visualisation et à sa pratique, il pourra ainsi négliger de lire cette dernière partie. Ses résultats n'en seront nullement affectés pour autant. *Seule compte la pratique.*

Les facettes théoriques de cet ouvrage sont

uniquement destinées à satisfaire la curiosité de nos lecteurs tout en leur permettant de comprendre intégralement la nature et le pourquoi des phénomènes produits et des résultats obtenus lors des expériences de visualisation.

La visualisation, un acte de confiance en soi

La visualisation est un *acte* reposant sur la *confiance* en soi ; elle est une faculté consistant à *créer* des *images mentales* puis à les faire *entrer* dans la *réalité*.

Visualiser consiste à former des images mentales.

Il existe une différencc notable entre le fait d'imaginer et celui de former des images. En effet, vous pouvez imaginer sans que cela s'apparente à un acte de visualisation. Qui dit « imaginer » dit par définition former quelque chose en esprit.

Visualiser consiste à imaginer dans un premier temps, puis à nourrir cette représentation mentale par l'apport d'un maximum de détails de façon à créer un tableau aussi vivant que possible.

Il s'agit de *créer* pour *rendre* vrai.

Rendre *vraie* une image nécessite de la créer aussi fidèlement que possible, constituée de tous les détails, de toutes les parties de l'idée, ou du problème auxquels on s'attache. Aussi, lorsque vous construirez des images-pensées, il vous faudra vous efforcer d'inclure l'aboutissement de ce que vous souhaiterez voir se réaliser. Vous devrez créer la *scène finale*.

A titre d'exemple, si vous désirez que quelqu'un vous écrive une lettre, il sera indispensable que dans l'image ou le tableau que vous formerez mentalement, vous ayez la vision nette et précise de la personne en question, assise à une table, vous écrivant une lettre. Vous devrez composer les termes de cette correspondance. Vous pourrez également vous inclure dans une autre scène, et vous voir recevant ce courrier et en prenant connaissance.

Plus votre création mentale sera précise, véri-

Si vous êtes de ceux qui pensent que seuls le hasard et la chance gouvernent nos existences, ce livre risque de changer votre vie.

Le hasard n'existe pas, toute la création l'atteste. La nature n'engendre pas dans le désordre. Elle est organisée. Par conséquent, la *chance* ne saurait être le résultat d'un quelconque *hasard* et l'exclusivité de certains individus.

Chacun de nous peut en créer les *conditions*.

Il suffit :

— de *vouloir*

— de *savoir*

— d'*oser*... autrement dit de passer aux *actes*.

dique, plus vous serez assuré de recevoir ce que vous souhaitiez réellement obtenir.

Les techniques faisant appel à la visualisation n'ont rien de surnaturel. En fait, nous les utilisons quotidiennement, tous, de façon inconsciente, avec plus ou moins de brio, voire de réussite. Dans le cas qui nous occupe, vous allez apprendre à utiliser pleinement, et de manière consciente, la puissance de votre imagination en la canalisant pour votre plus intense satisfaction.

Quel que soit l'objet de vos préoccupations : sentiments, relations, travail, prospérité, santé, paix et harmonie intérieure, les possibilités de voir se réaliser vos aspirations sont *en vous et rien qu'en vous*.

Une fois l'image mentale formée, il est nécessaire de la nourrir. Pour qu'elle vive et se développe, vous lui fournirez de l'énergie positive ; vous la nourrirez d'énergie positive.

Précisons qu'il s'agit là d'une phase importante.

Supposez, par exemple, que vous allumiez un feu de cheminée. Il est évident qu'à un instant donné, il vous faudra alimenter votre feu en combustible si vous ne voulez pas qu'il s'éteigne. *La pensée positive est le combustible de votre visualisation*.

Fondée sur un processus simple, il s'agit là d'une méthode de réalisation facile et efficace pour guider vos premiers pas. L'expérience aidant, avec un peu de pratique, vous serez à même de choisir les images et les techniques les plus appropriées, celles qui conviennent le mieux à votre sensibilité.

La visualisation ne repose aucunement sur un concept quelconque de foi ; elle peut être pratiquée avantageusement par tous, sans qu'il soit nécessaire d'adhérer à une croyance religieuse ou philosophique. Seule une certaine ouverture d'esprit à l'égard d'une méthode nouvelle est vraiment nécessaire.

L'utilisation de la visualisation est *un acte magique* au sens le plus authentique du terme. Toutefois, dès que nous connaissons les mécanismes faisant agir les lois naturelles, les phénomènes produits par la mise en œuvre de ces lois cessent d'être mystérieux et deviennent parfaitement naturels.

Nos esprits modelés par des années d'éducation rationnelle se sont fermés à tout ce qui n'entrait pas dans le cadre étroit de votre éducation. Il est probable que tout au long de la scolarité, et même éventuellement, au cours des études universitaires, personne n'a jamais fait la moindre mention aux merveilleuses possibilités qui résident en chacun de nous. Au contraire, il est presque certain que vos facultés imaginatives ont été étouffées.

Et pourtant...

A supposer que vous ne connaissiez rien des règles de la culture, vous pourriez à juste titre considérer que la pousse d'un légume ou d'un fruit est un véritable miracle. En un certain sens, il s'agit d'ailleurs d'un miracle. A partir du moment où vous sont familières les méthodes de l'ensemencement et des divers soins à apporter à la terre, l'obtention d'un légume ou d'un fruit cesse d'être un phénomène étrange et incompréhensible.

Toutes proportions gardées, la visualisation s'apparente à la culture des sols. Votre esprit est un *champ fertile*. L'image mentale que vous formez est en quelque sorte une graine que vous y semez. Les pensées positives dont vous nourrissez cette image sont comparables à des engrais. Vous *récolterez* ce que vous aurez *semé* et *entretenu.*

L'énergie, force primordiale

Il n'est pas inutile de connaître succinctement la nature des « forces » utilisées lors des expériences de visualisation. Les Anciens prétendaient qu'il existait dans l'Univers un agent ou une substance magique. Cet agent fut dissimulé sous des noms parfois étranges. Il fut appelé conscience universelle, essence cosmique ou universelle, énergie cosmique ou plus simplement le Cosmique. De nombreux autres termes, encore plus mystérieux, servirent à le désigner. Il s'agit en fait de l'énergie. Elle imprègne toute la création et se capte de plusieurs façons. L'une des fonctions naturelles permet de l'emmagasiner sans que nous en soyons conscients. Il s'agit de la *respiration*.

L'Univers est constitué d'énergie, autrement dit et selon la signification de ce mot, d'une force en action. L'énergie, étant une force en action, possède une puissance vibratoire. Elle pénètre tout l'espace. Cette unique énergie possède une double nature. Elle est à la fois « positive » et « négative ». En cela, elle ressemble un peu à l'électricité.

Nous savons que pour obtenir de la lumière, il est nécessaire que l'installation électrique comporte un fil positif et un fil négatif. Il en va de même pour la vie. Cette dernière n'est rendue possible qu'en raison de l'existence d'une énergie étant à la fois positive et négative.

Nos sens physiques étant grossiers, la perception que nous avons de ce qui nous entoure est loin d'être parfaite. Les objets nous paraissent solides et distincts les uns des autres. En revanche, s'il était en notre pouvoir d'avoir accès à une vision plus subtile, la « matière », en apparence solide, serait observée sous forme de particules (des grains d'énergie) de plus en plus fines et dépendant les unes des autres. Au stade ultime d'une observation affinée, la « matière » se percevrait comme une pure énergie.

Nous sommes tous constitués de cette énergie unique et tout ce qui nous environne également. Nous évoluons, sans en être conscients, au sein d'un immense champ énergétique. Par suite, au sens littéral et physique, *nous ne faisons qu'un*.

Notre monde physique possède une polarité négative et il est entouré d'une atmosphère positive. Ceci est produit par la division de l'énergie unique à laquelle nous avons fait référence ci-dessus. Du contact de ces deux polarités naît la vie et toutes manifestations.

La pensée, quant à elle, n'est rien d'autre que de l'énergie sous une forme très subtile et très légère. En conséquence, elle est en mesure de se modifier rapidement. En revanche, la « matière » est composée d'une énergie plus dense, d'aspect compact, ce qui entrave sa modification. Précisons qu'au sein même de la « matière », il peut se trouver des formes plus ou moins denses et compactes. Ainsi, la chair se corrompt vite. A l'inverse, les minéraux soumis aux phénomènes d'érosion, se transforment lentement.

Cette énergie possède la particularité d'être de *nature magnétique*. Par suite et selon la loi connue, une énergie, ayant une qualité et une fréquence de vibrations données, attire l'énergie de même qualité et de fréquence vibratoire identique. Nos pensées et nos sentiments n'échappent pas à cette règle et attirent l'énergie magnétique d'une nature similaire à celle de leur propre nature.

Plus notre conviction est forte et profonde, plus sûrement nous attirons ce à quoi nous pensons et ce que nous souhaitons. Aussi n'y a-t-il rien d'étonnant, lorsque nous sommes déprimés, mal dans notre peau, en un mot « négatifs » à ce que nous attirions les catastrophes. Dans ces périodes sombres, noires — ou simplement gris foncé — nous voyons venir vers nous des personnes qu'en temps normal nous éviterions. Nous les « aimantons » comme le ferait un vulgaire aimant du fer. Les expériences néfastes ont tendance à se multiplier et nous vivons des situations désagréables.

En revanche, si nous sommes débordants de vitalité, de joie de vivre, à l'aise dans notre corps et notre esprit, positif, *tout* nous sourit.

Tout le secret de la visualisation réside dans notre *potentiel à charger au maximum nos images mentales d'énergie positive*.

Comment se mettre en état de pratiquer la visualisation?

Il ne t'est
jamais donné un désir
sans que te soit donné le
pouvoir de le rendre réalité.

Richard Bach, *Illusions*

Les clés de la réussite : relaxation et concentration

En matière de visualisation, l'échec *n'existe pas*. Tout ce qui est bien pensé se réalise. Un échec éventuel ne peut être que momentané et résulterait d'une concentration défectueuse. La concentration n'est pas un exercice compliqué : il suffit d'en connaître les règles. Quelques conseils préliminaires ne sont pas superflus et vous faciliteront l'obtention de l'état adéquat.

Toute séance de visualisation repose sur les forces de l'esprit. Aussi, les sens physiques n'interviennent pas. L'image que vous formez est une image mentale et par conséquent la vue n'entre pas en jeu. Le secret d'une concentration efficace passe par la mise en sommeil de l'activité physique. Le meilleur moyen d'y parvenir est d'obtenir une totale relaxation.

Lorsque votre corps et votre esprit sont parfaitement détendus, vos ondes cérébrales fonctionnent au ralenti, adoptant ce que les scientifiques nomment un rythme *alpha*.

Ce rythme particulier possède des vertus bénéfiques tant pour la santé du corps que pour celle de l'esprit. De nombreuses expériences ont prouvé que le rythme *alpha* était plus favorable que le rythme *bêta* (celui de l'état de veille) à l'obtention d'une modification du monde objectif (celui dont nous avons la perception en temps normal). Autrement dit, lorsque vous vous trouvez en état de passivité, cela favorise la production de certains phénomènes de nature extra-sensorielle (les phénomènes *Psi* de la parapsychologie.)

Où, quand et comment se relaxer

La relaxation peut se pratiquer en n'importe quel lieu, à tout moment. Il existe de multiples méthodes pour parvenir à une détente parfaite mais il n'existe aucun critère si ce n'est que vous vous sentiez bien et que cette mise en condition vous soit agréable.

Le sommeil favorise la réalisation des images mentales formées et nourries lors d'une séance de visualisation. Par conséquent, se relaxer le soir avant de se coucher peut constituer une bonne solution. L'esprit étant plus dispos le matin, le corps plus reposé, certains d'entre nous peuvent préférer pratiquer la visualisation le matin.

N'importe quelle méthode de relaxation dont vous avez l'habitude conviendra.

La plus classique est celle qui consiste à adopter une respiration lente et profonde. Ce faisant, vous détendez chaque muscle, chaque nerf de votre corps l'un après l'autre. Vous pouvez associer à cette technique une méthode de compte à rebours. Dans ce cas, tout en vous efforçant de vous détendre, vous compterez de dix à zéro lentement.

Cette méthode présente néanmoins un inconvénient majeur. Les débutants sont souvent rebutés par un exercice qui s'avère assez long et fastidieux à accomplir. Par suite, nous vous conseillons la méthode exposée ci-après, laquelle offre l'avantage d'être extrêmement rapide et de provoquer une relaxation parfaite.

Notre méthode de relaxation rapide

Asseyez-vous confortablement.
Veillez à ce que votre colonne vertébrale soit le plus droit possible.
Vos pieds doivent reposer à plat sur le sol et être légèrement écartés l'un de l'autre.
Vos mains sont posées sur vos genoux.
Votre position étant correcte, vous allez procéder à un bref exercice de respiration profonde.
Inspirez à fond en gonflant le ventre.
Retenez votre respiration le temps de compter mentalement jusqu'à dix.
Expirez par la bouche à fond, en creusant le ventre.

Cet exercice respiratoire est renouvelé une seconde, puis une troisième fois.

A l'issue de votre troisième respiration, vous avez le sentiment d'être incroyablement léger.
Patientez une dizaine de secondes avant d'enchaîner.

Inspirez à fond.
Bloquez votre respiration.
Dans le même temps, crispez votre corps.
Tous vos muscles doivent être tendus au maximum.
Serrez les mâchoires, les poings.
Crispez les muscles du dos et ceux du ventre.
Procédez de même avec ceux de la poitrine, avec les muscles fessiers et ceux des jambes.

Votre respiration est toujours bloquée.
Insistez sans atteindre les limites de l'inconfort.
Expirez à fond par la bouche et, ce faisant, relâchez votre tension nerveuse. Laissez tous vos muscles se détendre.
Respirez normalement durant quelques secondes.
Recommencez le processus de respiration profonde, suivi de la rétention d'air et de la crispation.
Cet exercice sera pratiqué deux autres fois, dans les mêmes conditions.

A l'issue de cette séance, demeurez assis paisiblement en vous efforçant de ne penser à rien.

Si une pensée quelconque vous vient, ne la chassez pas, ne luttez pas avec elle.

Laissez-la s'éloigner tout simplement.

A présent, vous vous trouvez dans l'état favorable pour poursuivre.

Nous allons vous livrer quelques conseils destinés à vous permettre d'atteindre le bon niveau de concentration.

Immédiatement après, vous pourrez tenter votre première visualisation et ce, sur un thème simple et choisi spécialement à votre intention en raison de sa simplicité car c'est la simplicité qui en fait un exercice très efficace.

La concentration

Les anciens gnostiques préconisaient d'être attentif, non sans raison. Ils savaient que l'attention permettait d'atteindre la concentration idéale. De nos jours, rares sont ceux qui savent encore se concentrer véritablement.

Cette dégradation de la faculté de concentration provient de l'agitation frénétique qui caractérise notre mode de vie. De plus, le regard est sollicité à longueur de journée de toutes parts. Nous dispersons notre attention.

Ces quelques constatations s'insèrent parfaitement dans nos préoccupations et entraînent les règles suivantes :

Toute concentration doit porter sur un *seul objet*. Vous devez en fait focaliser vos pouvoirs mentaux comme vous le feriez de la lumière solaire au travers d'une loupe, en la dirigeant sur un point unique.

Il est *impossible de combiner plusieurs désirs ou plusieurs buts* en une seule séance de concentration.

L'erreur la plus commune consiste à croire qu'il est possible d'aller à l'encontre de cette règle afin de gagner du temps.

Une telle façon de procéder est contraire aux lois de la concentration, car au cours de celle-ci, *une seule pensée doit occuper la conscience*.

Technique favorisant la concentration

Disposez une bougie allumée sur une table.
Asseyez-vous confortablement face à cette bougie.
L'idéal serait que vous en soyez éloigné d'environ un mètre cinquante.
Ne fixez pas la flamme trop intensément.
Laissez plutôt votre regard errer au cœur de ladite flamme.
N'essayez pas d'analyser ce que vous voyez.
Contentez-vous d'observer.
Vous pouvez voir la légère mouvance de la flamme.
Vous observez les différentes teintes qui la composent.
Cette contemplation peut cesser au bout de cinq minutes.

Fermez les yeux.
Ne froncez pas les sourcils.
Les paupières sont simplement baissées, sans effort.
A présent recomposez de mémoire la forme de la flamme que vous venez d'observer.
Votre représentation mentale doit être aussi fidèle à l'original que possible.
A cette fin, souvenez-vous des différentes teintes qui coloraient la flamme.

A ce stade, vous aurez l'impression très nette que la flamme de votre bougie danse dans l'espace, face à vous, ou encore qu'elle flotte dans votre tête.

Les yeux toujours fermés, vous allez essayer de toucher le centre de l'image du bout d'un doigt.

Vous sentirez votre doigt entrer en contact avec votre front, sur la ligne verticale séparant les yeux, légèrement au-dessus des sourcils.
Exercez une forte pression à cet emplacement, comme si vous souhaitiez en marquer l'endroit.
Cette pression est destinée à vous faire garder conscience de ce point lorsque vous aurez ouvert les yeux.
Maintenez la pression environ vingt secondes.
Ouvrez les yeux.
Vous venez de situer l'emplacement où se forment les images mentales.
Dorénavant, vous saurez, sans avoir le moindre effort à accomplir, où placer les images que vous créerez lors de vos séances de visualisation.

Cet exercice est uniquement destiné à favoriser votre concentration. Il est possible que certaines personnes n'éprouvent pas le besoin d'avoir recours à cette méthode afin de se concentrer. Si tel est votre cas, passez directement à l'expérience guidée décrite ci-après.

Expérience guidée de visualisation

Ce paragraphe est une mise en application des principes de base permettant de former une image mentale, principes généraux que nous avons mentionnés lors de l'expérimentation sur la flamme d'une bougie.

Avant d'en arriver à des représentations mentales pouvant avoir une certaine complexité, il est nécessaire de parvenir à créer une image rudimentaire, dépouillée au niveau de la forme et par conséquent facile à produire.

Pour cette toute première tentative, nous vous conseillons d'utiliser une figure géométrique simple. Le carré ou le triangle conviennent parfaitement et n'offrent pas la moindre difficulté.

Supposons que nous ayons choisi le triangle.
Tracez cette figure sur une feuille de papier.
Observez ensuite durant quelques instants la figure ainsi reproduite.
Vous devez vous pénétrer de sa forme exacte, des dimensions de ses côtés.
Observez l'ouverture de ses angles.
Lorsque vous vous sentez prêt, abandonnez votre dessin.
Installé confortablement, vous allez le visualiser, c'est-à-dire en former l'image mentalement.
Fermez les yeux doucement, sans faire le moindre effort, comme cela vous a été enseigné.
Des images parasites commencent à défiler devant l'écran de vos yeux clos.
Laissez-les se dissiper.

Du doigt, touchez le point situé entre vos sourcils, point que vous avez repéré lors de l'expérience de la bougie.
Dessinez mentalement votre triangle.
Tracez les côtés. Efforcez-vous de le créer en tous points semblable à celui que vous avez précédemment dessiné.
Une fois l'image de votre triangle présente, ne la laissez surtout pas s'évaporer. Maintenez-la en usant de votre volonté.
Dissipez cette image lorsque vous le souhaitez.
Ouvrez les yeux.

Vous allez répéter cette séance en usant d'une *variante* intéressante.
Dessinez deux figures géométriques.
Commencez par un triangle. Sur une seconde feuille de papier, vous tracerez un carré.
Comme précédemment, vous allez fixer les détails de ces deux figures dans votre mémoire.
Commencez par le triangle.
Dès que vous sentez l'avoir mémorisé parfaitement, passez au carré.
Cette seconde forme étant mémorisée, fermez les yeux.
En pressant votre doigt sur le point frontal précité, commencez à voir le triangle.
Vous le voyez parfaitement, ne le laissez pas s'échapper ou se transformer, du moins pas avant de l'avoir décidé.
Chassez-le et remplacez son image par celle du carré.
Comme pour le triangle, votre carré ne devra se dissiper que sur vos ordres.
Ouvrez les yeux.

L'expérience est achevée.

Sans que l'on sache pourquoi, certains individus éprouvent des difficultés à visualiser correctement. Un changement de méthode peut être bénéfique et donner des résultats positifs là où la méthode précédente aurait échoué.
Voici deux autres méthodes:

La première consiste à choisir une surface sombre, noire de préférence, mesurant environ trente centimètres de côté.
Les yeux ouverts, efforcez-vous de voir votre triangle comme dessiné à la craie blanche.

La seconde est entièrement différente.
Choisissez une scène banale, dans la rue, chez vous, ou n'importe où. Peu importe.
Voyez votre triangle brusquement. Autrement dit, incorporez-le à ce que vous regardez.
Cette tentative – qui peut paraître curieuse – donne fréquemment d'excellents résultats.
En général, la vision que vous aurez de votre symbole sera fulgurante, elle ne restera guère plus d'une seconde.
Ce laps de temps est largement suffisant.
Cette technique a l'avantage de vous faire prendre conscience soudainement de la nature exacte des phénomènes de visualisation. Vous ne pourrez plus douter qu'il s'agisse d'une vision intérieure.

Les enseignements contenus dans le présent chapitre devront être pratiqués à l'exclusion de toutes autres expérimentations dans les jours qui suivront. Il serait sage de consacrer à ces expériences une semaine entière avant de poursuivre. Le lecteur pressé peut penser qu'il s'agit d'une perte de temps. Il n'en est rien. Bien au contraire. Ces quelques bases sont des éléments décisifs et leur application correcte débouche sur une progression extraordinairement rapide des capacités à visualiser. A brève échéance, la semaine que vous consacrerez à ces différentes techniques se traduira par un gain de temps appréciable. Vous serez rapidement en mesure de visualiser afin, non plus de créer de simples images, mais de projeter et donc de matérialiser vos aspirations.

Relaxation et concentration

Relaxation :

Utilisez la méthode de relaxation rapide basée sur la crispation des muscles suivie de la détente musculaire.

Concentration :

Technique de concentration sur la flamme d'une bougie.

Repérage du centre de formation des images.

Expérience guidée :

Utilisation d'une figure simple (triangle-carré).

Visualisation sur un fond sombre.

Visualisation par incorporation de l'image mentale au sein de la réalité objective.

Rétablir sa santé

L'un des handicaps majeurs à l'épanouissement des êtres que nous sommes est un état de santé déficient. Il est évident que la maladie est un facteur pénible qui empêche de jouir pleinement de l'existence. Par conséquent, avant de traiter de la satisfaction de vos désirs, il est impératif d'accorder une attention toute particulière à un point capital : celui du rétablissement de votre santé.

En effet, à quoi vous serviraient tous les bienfaits de l'univers, si vous ne vous trouviez pas en état d'en profiter pleinement ? Avouez qu'il serait frustrant de se voir dans la situation d'une personne au régime, salivant devant de bons petits plats bien mijotés dont elle ne pourrait profiter.

La santé est notre capital vie et, à ce titre, il s'agit du bien le plus précieux qui soit.

Vous pouvez améliorer considérablement votre forme physique et votre tonus et ce, sans le moindre médicament. Entendons-nous bien, il n'est nullement question de vous inciter à interrompre un traitement médical en cours. Toutefois, force est de constater que, fréquemment, certains médicaments déclenchent des effets secondaires pour le moins désagréables et mal connus.

Notre rôle n'étant pas de vous prescrire le moindre produit, nous ne traiterons ici que de méthodes basées sur l'utilisation de vos ressources internes.

Les techniques ci-après exposées sont simples et amusantes.

L'énergie cosmique étant engendrée par le soleil, vous pouvez utiliser les vertus curatives de cet astre à profusion. Certains diront qu'une exposition prolongée présente plus d'inconvénients que d'avantages et que le rayonnement ultra-violet est nocif. Nous sommes parfaitement d'accord avec ce raisonnement. Aussi n'est-il pas dans notre intention de préconiser des bains de soleil... ou du moins pas tels que cela se conçoit ordinairement.

Ceci implique que vous pouvez utiliser sans danger la méthode préconisée ci-après. Vous pourrez y avoir recours aussi fréquemment que vous le désirerez... même si le temps est nuageux, pluvieux, voire neigeux. La raison de cette assertion, qui peut paraître curieuse, s'explique par le fait qu'en l'occurrence le soleil utilisé est une représentation mentale, une vue de l'esprit.

Après vous être relaxé, tel que cela vous a été enseigné lors du chapitre précédent (méthode de crispation et de détente musculaire rapide), vous êtes dans les meilleures dispositions qui soient afin de commencer votre séance.

Visualisation du soleil

Vous allez vous efforcer de former l'image mentale du soleil. Il est possible que cet exercice, du moins lors de vos premières tentatives, exige un léger effort. Vous éprouverez peut-être quelque difficulté à créer une image parfaite. Ne vous en alarmez surtout pas.

Vous êtes parfaitement détendu, relaxé.
Fermez les yeux, sans plisser les paupières, naturellement, sans forcer.
Ecoutez le rythme paisible de votre respiration.
Lorsque vous jugerez l'instant bien choisi, commencez à visualiser.
Dessinez mentalement un cercle – peu importe sa dimension.
Il peut s'agir d'un simple point.
Une fois ce point – ou votre cercle – réalisé, voyez sa teinte se modifier.
Peu à peu, sous l'effort de votre seule volonté, votre soleil adopte une belle couleur jaune, un jaune doré, qui évolue jusqu'à l'orange.

Parvenu à ce stade, vous allez développer ce soleil orange. Toujours, en faisant usage de votre pensée, fait-le tourner lentement sur la gauche.
Dès que vous le voyez évoluer, accélérez le mouvement de rotation.
Son image se développe, votre soleil se dilate.
Vous pouvez cesser de le faire tourner.
A présent, imaginez la chaleur bienfaisante qui s'en dégage. Vous en sentez le rayonnement sur votre peau.
Il fait chaud.
Vous vous sentez bien.
Cette sensation est agréable, de plus en plus agréable. Profitez de cet instant au maximum, aussi longtemps que vous le souhaiterez.
Ensuite, pratiquez la respiration sur le mode suivant:
Inspirez profondément.
Bloquez l'air dans vos poumons.

Quinze à vingt secondes sont suffisantes.
Expirez par la bouche, à fond.
Vous recommencez cette technique deux fois.
A l'issue de cette phase de respiration, vous vous sentez plus léger, aérien.
Levez la tête, ouvrez la bouche et imaginez que vous absorbez l'énergie vitalisante du soleil.
Vous pouvez sentir l'intense plaisir que vous procure cette exposition.
Une douce chaleur se répand dans votre gorge, envahit tout votre organisme.
Chaque inspiration vous revitalise davantage.
Cet exercice peut être effectué aussi longtemps et aussi souvent que vous le désirez, chez vous ou en plein air.
Lorsqu'il ne vous amuse plus, cessez.

Chassez toute pensée et retournez vaquer à vos occupations.
Les effets bénéfiques de cette séance continueront à se faire sentir. Vous serez plus détendu, plus serein, rechargé, en pleine forme.
En cas de fatigue, la visualisation du soleil ainsi décrite sera des plus salutaires.

Les villes ne nous valent rien, sinon quelques désagréments. Agressés quotidiennement par toutes sortes de nuisances, le bruit, la pollution, de plus en plus actifs et sous pression, nous sommes tous plus ou moins stressés. Par nature, l'être humain est constitué pour vivre en harmonie avec la nature, proche de cette nature.

Le contact avec la terre — même si nous n'en sommes pas toujours conscients — est nécessaire à notre équilibre nerveux, émotionnel et physique. Telle est la vérité que nous rappelle l'expression « Terre nourricière ». La mythologie grecque nous en a conservé le souvenir grâce au mythe d'Antée, le géant vaincu par Héraklès, à l'issue d'un dur combat. Antée, projeté au sol par le demi-dieu, se relevait à chaque fois plus fort, reprenant des forces au contact de la terre.

Malheureusement, rares sont ceux qui ont la chance de pouvoir vivre continuellement à la campagne ; les citadins, trop occupés à gagner leur vie en luttant contre un chronomètre, ne s'aperçoivent pas qu'ils la perdent.

Rien, et c'est évident, ne pourra remplacer complètement la proximité de la nature et les bienfaits qui en résultent. Toutefois, la visualisation est un palliatif non négligeable.

Votre imagination est illimitée et par conséquent, les moyens mis à votre disposition le sont également.

Après le soleil, rien ne vous empêche de visualiser un champ de blé...

Visualisation d'un champ de blé

Après vous être relaxé, imaginez un champ de blé.
Le champ est baigné de soleil ; vous pouvez voir les épis blonds se balançant mollement sous les caresses d'une légère brise.
Respirez l'odeur de ces épis gorgés de lumière.
Libre à vous de courir dans ce champ, de vous rouler dedans en riant.
Pour ce faire, il vous suffit de créer mentalement votre propre image et de la projeter, de l'intégrer dans votre champ de blé.

Personne ne vous dira rien.
Vous n'avez aucune crainte à avoir et surtout pas celle de voir arriver un propriétaire furieux... à moins, bien sûr, de le visualiser également...

Mais comme là n'est nullement le but de cet exercice, mieux vaudra s'en dispenser!

Comme pour la visualisation utilisant l'image du soleil, cessez lorsque le jeu ne vous amuse plus. Et si vous n'aimez pas les champs de blé, nous vous suggérons une autre expérience.

Visualisation d'une pelouse

Cette situation constitue une expérience agréable laquelle se révèle être un merveilleux reconstituant.
Relaxez-vous quelques instants.
En supposant que vous êtes parvenu à l'état requis, nous allons planter le décor.

Cet exercice est à exécuter de préférence pieds nus.

C'est le petit matin. Le ciel est bleu et le soleil éveille la nature endormie.
Créez mentalement ce ciel d'un bleu pur au sein duquel brille le soleil.

Dans un second temps, visualisez une pelouse à l'herbe bien verte et grasse.
Des perles translucides de rosée sont accrochées aux brins d'herbe.
Sous la lumière, elles scintillent.
Soyez attentif quelques secondes à ces perles de rosée.

A présent, visualisez votre propre image.
Voyez-vous tel que vous êtes.
Une fois votre image formée, insérez-la dans le décor.
Vous avancez dans l'herbe humide.
Vous sentez l'humidité agréable de la rosée sur vos pieds nus.

Cette sensation est plaisante.
Respirez à pleins poumons.
Voyez-vous en mouvement, marchant dans cette herbe verte et grasse.
Vous captez une énergie extraordinaire, celle émanant de la terre à laquelle s'ajoute celle de la rosée, humidité vivifiante et bienfaisante.
Votre organisme apprécie cet instant privilégié.
Continuez à vous imaginer marchant sur votre pelouse.
Comme pour les méthodes précédentes, vous cesserez dès que vous n'éprouverez plus de plaisir à cette activité.

Encore une fois, il ne s'agit que de quelques exemples simples. Vous avez une totale liberté de varier les expériences et de les compliquer, au gré de votre fantaisie ou de votre imagination.

La douche cosmique

Cette technique, très aisée à utiliser, procure une extraordinaire sensation de bien-être, de détente et contribue au rétablissement de la santé. Elle prépare, en quelque sorte, le terrain. Il s'agit en fait d'une méthode très ancienne, connue des sociétés dites « initiatiques », autrement dit des sociétés d'études traditionnelles ou écoles de Sagesse, lesquelles continuent à l'enseigner à leurs membres.

Formez une représentation de vous-même.
Une fois cette image obtenue, voyez-vous sous forme de particules, de celles que vous pouvez voir flotter dans l'espace en contemplant le ciel par beau temps.
Ces particules ou grains d'énergie sont similaires à de minuscules bulles.

Dans un second temps, visualisez une pluie d'énergie, identique à l'énergie qui constitue votre propre corps. Ce peut être une pluie ordinaire ou encore une fontaine.
Voyez cette pluie de petites bulles ruisseler sur vous, pénétrer, puis se mélanger aux particules qui forment votre corps.
La sensation que vous éprouvez est agréable et ressemble — toutes proportions gardées — à celle ressentie lorsque vous prenez une douche classique.
Vous vous sentez bien. Votre vitalité s'accroît, vous êtes relaxé et parfaitement détendu.
Observez cette pluie d'énergie se déversant sur vous.
Elle débarrasse votre corps de toutes ses impuretés et les entraîne avec elle.
Voyez les particules s'écouler vers le sol pour aller s'enfouir dans les profondeurs de la terre.

Cet exercice d'une simplicité enfantine peut être réalisé allongé, le soir, juste avant de s'endormir. Il provoque un sommeil paisible et propice à vous régénérer.

De plus, il est parfaitement possible d'en faire bénéficier un proche. Dans ce cas précis, il suffit de visualiser la personne en question à votre place et de la voir sous la pluie d'énergie.

Nous vous engageons vivement à tenter cette expérimentation car vous serez surpris d'entendre celui ou celle ayant bénéficié de ce traitement (pour peu qu'il ou elle soit au courant de votre démarche) en redemander !

Techniques de revitalisation

Visualisation du soleil :

Formez l'image mentale d'un soleil orangé.

Absorbez son rayonnement par la bouche.

Bénéficiez de son pouvoir énergétique en respirant sur le mode : Inspiration — rétention — expiration.

Visualisation d'un champ de blé :

Formez l'image mentale d'un champ de blé.

Respirez l'odeur du blé.

Créez mentalement votre propre image et intégrez-la à votre tableau.

Roulez-vous dans ce champ.

Visualisation d'une pelouse :

Formez l'image mentale d'une pelouse verte et grasse. L'herbe est humide de rosée. Créez votre propre image, intégrez-la à votre tableau et marchez sur la pelouse.

La douche cosmique :

Visualisez votre image sous forme de grains d'énergie.

Visualisez ensuite une pluie d'énergie et laissez-la ruisseler sur votre corps.

Les affirmations

La visualisation ressemble à la culture des sols et l'esprit humain est semblable à un champ fertile, les images ou représentations mentales sont comparables à des graines et, à ce titre, elles doivent être nourries. En matière de culture, on utilise des engrais. Dans le domaine qui nous préoccupe, notre engrais est constitué de ce que l'on nomme des *affirmations*.

L'étymologie de ce mot indique qu'« affirmer » consiste à rendre ferme, à renforcer. Plus l'image formée mentalement sera conforme à ce que vous désirez obtenir ou voir se réaliser et plus il sera aisé de faire passer cette image dans la réalité. Les affirmations aident efficacement à renforcer nos représentations mentales et, par suite, il est extrêmement important d'utiliser leur puissance de persuasion. En effet, elles ont pour but de vous aider à écarter tout scepticisme et par conséquent toute possibilité d'échec. Affirmer consiste à considérer que votre souhait — quel qu'il soit — est réalisable et mieux encore, qu'il s'est déjà accompli. Il s'agit d'un moyen propre à établir définitivement votre conviction.

La conviction

Les affirmations étant destinées à emporter l'adhésion de votre subconscient, il est impératif qu'elles soient positives, pleines de conviction.
Par conséquent, n'utilisez jamais de formules qui soient négatives, qu'il s'agisse de la forme ou de l'esprit.
Autrement dit, n'ayez pas recours à des négations et n'émettez aucun doute.

Exemples :

Ce qu'il faut bannir :	*Formules correctes :*
« Je ne suis plus fatigué. »	« A présent, je suis en forme. Chaque inspiration m'apporte davantage d'énergie. »
« Je souhaite un emploi mieux rémunéré que celui qui est le mien actuellement… »	« L'emploi que j'occupe correspond à mes aspirations. J'ai un bon salaire. »

Ces exemples sont volontairement très schématiques et possèdent un caractère très général. Ils sont uniquement destinés à illustrer nos propos en montrant comment doivent être formulées les affirmations.

Une conviction bien établie est le gage d'un succès assuré. La suite est du ressort de la technique.

En résumé : Soyez *positif… jamais négatif.*

Utilisez le présent

Le mécanisme des techniques de visualisation repose sur l'idée préalable que votre désir *est déjà* satisfait.

Vous n'avez donc aucune raison valable d'user du futur lorsque vous formulez vos affirmations.

A titre d'exemple

Ne pensez pas : « Je vais habiter la maison de mes rêves... », mais plutôt : « Désormais (ou maintenant) j'habite la maison de mes rêves. »

En utilisant le présent, vous ne vous réfugiez pas dans un futur indéterminé ou dans l'imaginaire.

Vous admettez que *tout se crée* en premier lieu au niveau du *mental*, avant de se concrétiser, d'être *réalité*.

Nature des affirmations

Les affirmations peuvent varier d'un individu à l'autre et ce, en raison de facteurs tels que l'éducation, la sensibilité... Néanmoins les règles suivantes doivent être appliquées pour plus d'efficacité.

Vos affirmations doivent impérativement être *brèves, claires* et *compréhensibles* pour vous-même. Plus vos affirmations seront concises et plus leur impact sera considérable. Des affirmations trop complexes, trop longues ou trop éloignées de votre langage usuel, perdent de leur force.

Evitez tout ce qui pourrait vous éloigner du naturel. *Soyez vous,* jusque dans vos affirmations.

Enfin, n'entrez pas en conflit avec votre existence « passée » ou « actuelle ».

Vous ne refaites pas votre vie.

Vous ne pouvez revenir sur ce qui est ou a été.

Considérez plutôt que *vous tournez une nou-*

velle page et créez les conditions d'un bonheur tout neuf.

Ne récitez pas non plus vos affirmations à la façon d'une leçon apprise par cœur. Laissez libre cours à votre *propre créativité*, en formulant vos affirmations comme elles vous viennent, le plus naturellement qui soit.

Soyez intimement convaincu que vous avez le pouvoir de créer la réalité qu'expriment vos affirmations. Leur efficacité en sera énormément renforcée.

Les affirmations que vous emploierez peuvent avoir un sens très général ou être d'un caractère plus spécifique.

Les quelques exemples suivants vous aideront à choisir et à créer celles qui vous sont le mieux adaptées.

— Mes finances s'améliorent chaque jour.
— A présent, j'ai un travail agréable et bien rémunéré.
— Je réalise mes plus chers désirs.
— Ma vie professionnelle est une totale réussite, je suis comblé.
— Désormais ma famille et moi-même habitons un appartement agréable.
— Ma vie s'améliore de jour en jour.
— Je suis aimé et plus je suis aimé, plus j'ai d'amour à offrir.
— Je donne et plus je donne, plus je reçois.
— L'Univers est abondance et je bénéficie de cette abondance.
— J'ai des loisirs et je peux profiter des richesses de la vie.
— Mes relations avec mon chef de service sont excellentes.
— Je suis estimé de ma Direction.

— J'attire la sympathie.
— Je suis un être rayonnant et j'attire les autres.
— Je déborde d'amour et d'énergie et fais partager ces bienfaits.
— La lumière qui est en moi me permet d'accomplir des miracles et de soulager ceux qui souffrent.
— J'ai un potentiel illimité de bonheur.
— Tout dans l'Univers contribue à donner un sens à ma vie.
— Je suis toujours de bonne humeur et je communique cette joie de vivre à mon entourage.

Nous avons recommandé de ne pas utiliser la forme négative lors des séances d'affirmations. Néanmoins, il peut être utile dans certains cas particuliers d'avoir recours à cette tournure. En effet, la forme négative peut s'avérer nécessaire lorsqu'il s'agit d'éliminer certains blocages émotionnels, ou encore d'annihiler de mauvaises habitudes.

Supposons par exemple que vous deviez faire face à une situation intimidante du type: entretien d'embauche ou passage d'un oral d'examen...

Vous pourrez employer la formulation négative suivante:

« Je n'ai pas besoin d'être intimidé par cet entretien (cet examen). » Toutefois, vous accompagnerez cette affirmation d'une seconde de nature positive, disant par exemple: « A présent, je suis parfaitement à l'aise en toutes circonstances et toutes choses s'accomplissent facilement. »

La première formulation est destinée à éliminer votre blocage et la seconde vous permet d'établir de ce vous voulez être dorénavant.

Pourquoi utiliser les affirmations?

La réponse à cette question tient à la nature de notre esprit et à son fonctionnement.

Si vous vous montrez un tant soit peu attentif à vos pensées, vous vous apercevrez que ces dernières jaillissent en un flot ininterrompu. Vous deviendrez conscient d'une conversation intérieure incessante. A longueur de journée notre esprit se parle à lui-même. Il disserte sur tout, sur l'existence, le monde, autrui, les problèmes que nous connaissons, nos sentiments...

En règle générale, nous sommes inconscients de ce bavardage intempestif, lequel est cependant à la base même de l'expérience que nous faisons de la réalité. Ces commentaires émanant du mental exercent une influence prépondérante sur nos émotions et notre perception des événements qui traversent notre existence.

Ladite conversation est une longue suite de formes-pensées qui, en se matérialisant, constituent tout ce qui survient dans notre vie. Malheureusement, faute d'en avoir la parfaite conscience et par conséquent la maîtrise, ces formes-pensées correspondent fréquemment à une *visualisation négative*. Elles sont semblables à de vieux schémas de pensée remontant parfois à plusieurs existences ou, pour ceux qui n'adhéreraient pas à la croyance en la réincarnation, à des archétypes issus de l'inconscient collectif.

Ces informations nous sont restituées par le mental de la même manière que le sont celles emmagasinées dans un programme informatique.

Or, tout bien considéré, le cerveau humain n'est guère différent d'un ordinateur, il est un ordinateur neuronal. Pratiquer les affirmations revient à *entrer de nouvelles données dans votre programme*. Ce sur quoi vous travaillez en pratiquant la visualisation est bien un programme, le plus important qui soit : *votre programme de vie*

Tous ceux qui ont déjà une petite expérience de la méditation savent qu'il n'est pas toujours aisé de faire cesser le « bavardage mental ». Ceci est d'autant plus vrai que certaines écoles conseillent de ne pas entrer en lutte contre les pensées mais plutôt de prêter attention à ce dialogue intérieur.

La pratique des affirmations offre l'avantage de contourner cette difficulté. Elle est destinée à substituer à nos anciens bavardages intérieurs, souvent négatifs, des concepts ou des idées d'un caractère plus positif.

En dépit de sa simplicité apparente, ne vous y trompez pas, il s'agit d'une méthode extrêmement puissante, capable en peu de temps d'opérer une mutation de nos attitudes, de nos conceptions et de nos espoirs. Par suite, elle est parfaitement apte à changer l'orientation de votre existence ; il vous suffit de sélectionner un certain nombre d'affirmations conformes à vos aspirations tout en sachant que les affirmations retenues favoriseront la réalisation de vos désirs les plus chers. Cette possibilité est véritablement admirable puisqu'elle permet en somme d'opter pour une *existence à la carte*.

Nous avons comparé les techniques de visualisation et la pratique des affirmations à l'informatique. Cette comparaison est parfaitement justifiée, à ceci près que ces méthodes de développement personnel sont beaucoup plus simples à utiliser qu'un ordinateur. Elles s'apparentent davantage à ces jeux informatiques dont raffolent les enfants et où ils excellent. *Tout comme les jeux informatiques la visualisation est une activité ludique.*

Vous chargez votre disquette = sélection de votre thème de visualisation.

Vous choisissez le niveau de difficulté = sélection des affirmations renforçant votre visualisation.

Vous jouez!

Une question que se pose souvent le débutant est la suivante: Comment pratiquer les affirmations?

Les affirmations peuvent être formulées silencieusement, c'est-à-dire mentalement ou à haute voix. Si vous le préférez, il est possible de les chanter ou de les écrire. Une dizaine de minutes consacrées par jour à cet exercice simple suffisent à modifier les vieilles habitudes mentales. La seule règle à respecter consiste à sélectionner des termes et des concepts positifs. Plus ils seront positifs, plus ils se révéleront puissants et aptes à changer favorablement votre existence.

Dans notre introduction, il a été précisé que le présent ouvrage prendrait ses distances avec les auteurs américains ayant traité de ce sujet. Nous avons signalé que les auteurs en question faisaient fréquemment intervenir des notions spirituelles qui, à notre sens, ne s'imposent nullement dans le domaine de la visualisation. La visualisation — nous le répétons — repose sur des fondements purement physiques et scientifiques.

Néanmoins, cette technique n'étant absolument pas dogmatique, ni figée, chacun est libre d'user des affirmations qui correspondent le mieux à sa sensibilité.

Il est évident que, pour une personne profondément ancrée dans sa foi ou sa religion, les affirmations de nature religieuse auront un écho supplémentaire et qu'à ce titre elles seront un plus.

Par conséquent, vous pouvez, si cela correspond à votre être profond, utiliser des affirmations de nature spirituelle et ce, en fonction de votre religion ou de vos croyances personnelles.

Ce point relève du libre arbitre de chacun et nous n'entrerons pas dans le détail des possibilités. La reconnaissance pleine et entière de l'autre étant pour nous une profession de foi, il convenait que cette précision soit ajoutée.

Quelle que soit votre croyance — et même si vous n'en avez aucune — la mise en pratique de l'enseignement qui vous est donné, un jour ou l'autre, vous fera vivre une, voire des expériences, qui bouleverseront vos convictions.

Les affirmations

Affirmer consiste à renforcer votre souhait et par conséquent à considérer qu'il s'est déjà accompli.

La conviction:

Les affirmations doivent être positives.
La forme négative est à bannir.

La formulation:

Le présent doit impérativement être utilisé.

Nature des affirmations:

Elles varient d'un individu à l'autre, toutefois elles doivent être:

— *brèves*
— *claires*
— *compréhensibles pour soi-même.*

Les affirmations visent à entrer de nouvelles données dans votre programme de vie.

L'attitude mentale et morale

Toute méthode visant à notre réalisation repose sur des critères moraux précis.

Se réaliser consiste à retrouver l'humain en nous, c'est-à-dire à dépouiller notre personnalité de tous les sentiments négatifs qui nous encombrent et empêchent notre progression et, par suite, entravent notre quête du bonheur. L'égoïsme, par exemple, est un sentiment contre-nature.

Comme nous l'avons dit, l'homme n'est nullement une entité séparée au sein de la Création, il fait partie intégrante de l'Univers et, à ce titre, il possède certaines responsabilités envers tout ce qui vit. De plus, la moindre de nos pensées, le moindre de nos actes ont des répercussions qui dépassent le cadre de notre petite individualité.

Tel est le message que véhicule, entre autres, *le Petit Prince* d'Antoine de Saint-Exupéry, lorsque ce dernier nous expose que son sympathique petit héros se sentait responsable de sa fleur exposée à tous les dangers existant sur sa minuscule planète.

Nos pensées et nos actes nous reviennent

comme le ferait un boomerang et lorsque nous faisons du mal à autrui, finalement c'est à nous seuls que nous nuisons, les « autres » n'étant pas des entités séparées. Dès lors, il est aisé de comprendre qu'avant d'entreprendre la moindre séance de visualisation il n'est pas inutile de s'interroger sur nos *motifs*, nos *buts* et notre *mérite*.

Les quelques lignes qui vont suivre sont destinées à vous aider à voir clair en vous-même et à vous éviter des échecs liés trop souvent à un défaut de préparation.

Définir le motif

Vous êtes sur le point de visualiser l'obtention d'un bien quelconque ou d'une situation que vous souhaitez voir se réaliser. Avant de commencer votre séance, livrez-vous à une analyse rapide de votre ou de vos motifs.

— Cherchez-vous à obtenir « quelque chose » pour vous seul, pour votre bénéfice exclusif ou votre satisfaction ?

— Au contraire, votre démarche vise-t-elle à procurer également un avantage à quelqu'un d'autre ?

Les motivations comportant le souci de faire le bonheur de notre entourage sont toujours un facteur supplémentaire de réussite.

Il est évident que l'acquisition d'une voiture, par exemple, peut très bien ne pas être un acte égoïste. Elle sera sans doute utilisée afin de transporter des membres de votre famille. Vous serez peut-être amené à rendre service à certains de vos voisins ou à des personnes âgées.

Compte tenu de ces réflexions, il paraît nécessaire de définir ce que l'on entend par « désir égoïste ».

Le désir de créer, de produire, de posséder ou d'obtenir une chose ou une condition qui, lorsque vous l'auriez, serait pour votre seul bénéfice, dont personne d'autre que vous ne pourrait jouir ou se servir d'une façon ou d'une autre, voilà ce qui constitue un désir purement égoïste.

En revanche, il n'est ni mauvais ni injuste de désirer quelque chose dans un but personnel, si vous avez l'intention ou l'espoir de vous servir de ce bienfait au bénéfice d'une ou de plusieurs personnes. Il est parfaitement légitime de vouloir obtenir une nouvelle habitation, une automobile ou n'importe quel autre objet matériel, à partir du moment où vous avez l'intention d'en faire profiter autrui. De telles dispositions ajouteront au caractère positif de votre demande.

Définir le but

De même, il convient toujours de se demander si ce que nous souhaitons matérialiser correspond véritablement à nos besoins. Trop fréquemment nous nous faisons des idées fausses en ce qui concerne les moyens à mettre en œuvre afin d'obtenir la réalisation de nos désirs.

Il advient souvent également que nous jugions, après avoir reçu ce que nous souhaitions, qu'en fait cela ne nous faisait pas défaut ou que nous aurions préféré que les choses se soient passées différemment.

Supposons que vous ayez un réel besoin d'argent. Ce besoin peut être causé par des facteurs variés. Il peut s'agir d'un besoin vital : se nourrir, se vêtir. Cet argent peut vous être nécessaire afin de changer d'habitation principale, celle que vous occupez actuellement étant trop exiguë ou sans confort...

Il est évident, à l'énoncé de ces quelques exemples schématisés, que la solution à votre problème ne sera pas identique dans tous les cas. La satisfaction des besoins vitaux est liée en général à une évolution de votre salaire.

En revanche, changer d'habitation peut ne pas dépendre exclusivement de vos revenus. Il peut s'agir tout simplement de trouver la demeure qui corresponde à vos aspirations.

Dans le premier exemple, la solution résidera dans un changement d'emploi ou une modification de votre statut au sein de l'entreprise vous employant.

Dans le second cas, votre visualisation reposera surtout sur la création d'opportunités.

Le mérite

La visualisation peut être utilisée afin d'aider autrui. Ne vous privez surtout pas de la chance d'être ainsi utile à votre prochain. Une action désintéressée, ne pourra que renforcer la force de réalisation des demandes que vous formulerez un jour ou l'autre pour vous-même.

Toutefois, aussi désintéressée soit-elle, il pourra vous arriver d'échouer dans votre tentative de venir en aide à autrui. Lorsque cela se produira, il est probable que vous serez déconcerté par la non-réalisation de votre action.

Ne vous découragez surtout pas ! Il existe sans doute des raisons indépendantes de votre volonté à un tel échec. Il est possible que votre demande — même sincère — et altruiste — soit de peu d'importance pour la personne à qui vous la destiniez ou contraire à ses intérêts.

Nous ne savons pas toujours ce qui est bon

pour nous, et ceci est encore plus vrai concernant les autres. Seule l'énergie cosmique régissant l'univers *sait ce qui est bon pour ses créatures*.

Elle agit à la façon d'un bon père de famille. Généreuse avec ses enfants, elle nous dispense les bienfaits nécessaires à notre bonheur et néglige ce qui serait trop contraire à notre satisfaction véritable et à notre évolution.

En toutes circonstances, veillez à considérer les lois universelles comme infaillibles et efforcez-vous d'y subordonner l'humble compréhension humaine.

Dans cette optique, il est recommandé de ne *jamais limiter sa demande*.

Ne pas limiter la demande

L'Être humain par nature est perfectible et d'autre part, il est loin d'être infaillible. Par suite, nous ne sommes pas toujours conscients de ce qui est nécessaire ou indispensable à notre bonheur. Il convient donc lors de vos séances de visualisation de ne jamais vous couper d'un mieux possible en restreignant l'objet de votre demande.

Pourquoi ce conseil?

Parce que l'Intelligence universelle *sait ce qui est en mesure de vous convenir*.

Par conséquent ne la contraignez pas à vous offrir uniquement ce que vous croyez vous être utile.

Il ne viendrait à l'esprit de personne de refuser un cadeau sous prétexte qu'il est plus beau que ce que nous avions imaginé.

Dans la pratique, cela revient à bien formuler votre demande, tout en envisageant qu'elle puisse être exaucée sous une forme à laquelle vous n'aviez pas songée ou au-delà de vos espérances.

L'exemple ci-après vous aidera à parfaitement comprendre le fonctionnement des lois qui régissent la matérialisation de nos désirs.

Exemple :

Supposons que votre problème soit un besoin d'argent. Visualiser un montant précis serait une erreur. De même, vous éviterez d'*imposer* la *provenance* de cette somme qui vous est nécessaire. Ne tentez pas d'imaginer comment les événements vont se dérouler.

Laissez le choix des moyens et l'importance de ce qui vous est destiné à L'Intelligence cosmique.

Ainsi, dans notre exemple, il n'est pas question de s'imaginer gagnant au Loto ou à la Loterie nationale. Votre visualisation portera sur une obtention d'argent destiné à vous procurer une situation aisée. Les moyens aptes à satisfaire votre désir sont multiples et variés et le choix de ces moyens ne vous incombe pas.

Les détails ne vous concernent pas.

Lors de votre séance de visualisation, vous devez exprimer votre confiance absolue dans ce principe universel auquel nous avons fait référence. Vous conclurez donc votre demande par une courte phrase qui pourra être choisie sur le modèle suivant :

« Ce souhait, ou quelque chose de mieux, se réalise maintenant, de la manière la plus satisfaisante. C'est fait. »

Ne pas discuter pour ses limites

« L'homme est un dieu qui se souvient des cieux. »

Bien souvent ce souvenir ne dépasse guère le niveau de la nostalgie plus ou moins inconsciente.

Oublieux de notre véritable nature, nous nous créons des limites, lesquelles empêchent notre entière réalisation, notre plein épanouissement. Une attitude telle que celle-ci nous fait ressembler à des êtres effrayés par le succès et le bonheur et qui, paradoxalement, tout en souhaitant être heureux, se confineraient dans la voie de l'échec.

Tout comme Jonathan Livingston, le célèbre goéland, nous oublions parfois que nous sommes *esprit* « du bout d'une aile à l'autre ».

Il en va de même lorsque nous voulons changer notre existence et voir nos désirs comblés. Prisonniers d'une culture essentiellement matérialiste, nous sommes incapables de nous libérer des limitations que nous imposent les lois de la matière. Outre la culture que nous venons de mentionner, pèse sur nous également une certaine morale religieuse véhiculant des principes déformés sciemment. Ainsi, a-t-on forgé le mythe du « pauvre mais heureux », comme si le fait de posséder de l'argent était honteux (pour les pauvres s'entend !). Pour une telle morale religieuse — qui ne pratique que fort rarement ce qu'elle prêche — *avoir et être* ne peuvent coexister. Ceci est faux et relève de la volonté délibérée de maintenir asservis les plus démunis.

Avoir et être ne sont nullement incompatibles.

La véritable mission de l'homme ici-bas est d'être heureux.

Par conséquent vous n'avez en aucun cas à rougir de vos désirs, pas plus que vous n'avez à vous sentir fautif d'obtenir la satisfaction desdits désirs.

En obtenant, vous n'ôtez rien à quiconque. Vous participez uniquement à la répartition de l'abondance universelle. Tout ce que vous parviendrez à matérialiser sera le fruit de votre travail et résultera de votre propre mérite.

Limiter notre conception du bonheur en niant que les biens matériels contribuent à vivre mieux, n'est pas seulement ridicule, c'est une véritable hérésie. Contrairement à ce que voudraient donner à croire certaines religions, du moins dans leur forme actuelle, le « péché originel » n'est nullement lié à la Connaissance. Le seul péché serait de limiter l'Être (l'Âme universelle).

Cette Âme universelle, vivante en chaque créature, est illimitée et par voie de conséquence les pouvoirs de l'Esprit ne connaissent aucune limite.

L'attitude mentale et morale

Le motif:

L'obtention d'un bien ou d'une situation est facilitée si nous envisageons d'en faire bénéficier autrui.

Le but:

Le sujet de toute visualisation doit être mûrement réfléchi.
Ce que nous désirons doit correspondre à ce dont nous avons besoin.

Le mérite:

L'Univers sait ce qui convient à ses créatures.
Vous ne réalisez par conséquent que ce qui est conforme à vos intérêts ou à ceux d'autrui.

Ne pas limiter sa demande:

Il ne faut jamais se couper d'un mieux possible. Vous pouvez être exaucé au-delà de vos espérances.

Ne pas discuter pour ses limites:

Avoir et être ne sont pas incompatibles.
En obtenant vous n'enlevez rien à personne.
L'homme étant constitué d'une énergie illimitée, les pouvoirs de son esprit sont dépourvus de limites.

La visualisation au quotidien

La programmation

L'homme a une fâcheuse tendance naturelle le prédisposant à utiliser toutes découvertes à des fins destructrices. La visualisation, quant à elle, est exclusivement une technique créatrice. Sa *finalité* est l'*épanouissement*.

L'erreur la plus commune consiste à tenter de posséder le plus possible afin d'être libre de faire ce que l'on veut ; l'aboutissement de ce raisonnement voulant que l'on soit heureux. Or, le bonheur dépend de nombreux facteurs, l'argent n'étant que l'un d'entre eux.

C'est ce qui fit écrire au grand romancier britannique W. Somerset Maugham : « L'argent est un sixième sens sans lequel nous ne pouvons jouir pleinement des cinq autres. » De plus, la notion de « bonheur » varie beaucoup d'un individu à l'autre.

Il est évident que la richesse à elle seule n'est guère susceptible de créer les conditions d'un épanouissement total, d'une harmonie parfaite de l'être. L'homme a besoin d'amour, de tendresse au moins autant que de biens matériels. Néanmoins, force est de constater que l'amour, le plus solidement enraciné, se révèle fragilisé par des fins de mois difficiles, à répétition. Le quotidien et son cortège de soucis financiers peuvent sonner le glas de l'amour le plus fort qui soit.

Telle est la raison qui nous incite, en dépit des idées toutes faites, à ne pas mépriser la « matière ».

Que l'on nous comprenne bien ! « Ne pas mépriser la matière » ne signifie nullement que nous en fassions l'apologie au détriment d'autres valeurs.

En évoquant la notion vague de bonheur, nous avons mentionné le terme « harmonie ». Or, l'harmonie pour être, implique l'existence d'un certain équilibre, d'un accord entre le domaine matériel et celui des sentiments. D'ailleurs le mot « accord » possède pour racine le « cœur », ce qui est bien de nature à confirmer notre assertion.

Posséder n'est pas mauvais en soi, à condition de ne pas oublier qu'il ne s'agit que d'une manifestation de notre code de vie. En revanche, capitaliser pour le seul plaisir d'« entasser » n'est pas conforme aux lois qui régissent l'Univers. L'argent est également — comme tout ce qui existe — de l'énergie, et à ce titre il doit circuler. Il ne viendrait à l'idée de personne d'ajouter du liquide dans un verre plein à ras bord, de crainte de répandre ce liquide. Concernant l'argent, notre démarche devrait être identique. Il conviendrait de « vider le verre » afin de pouvoir recommencer à l'emplir.

La visualisation, outre le fait de nous aider à construire notre existence selon nos désirs, possède une autre finalité : celle nous permettant de prendre conscience de notre Être profond, constitué d'énergie. Cette prise de conscience s'accomplit grâce à la méditation et à la concentration. La concentration a fait l'objet de développements suffisants précédemment, pour que nous n'ayons pas besoin de revenir sur ce sujet. La méditation, ou pour être plus précis, les diverses formes de méditation, seront étudiées dans le chapitre suivant.

Dans l'immédiat nous nous contenterons d'analyser la phase active des techniques de visualisation. Le moindre de nos faits et gestes s'accomplit toujours de la même façon.

En premier lieu existe la pensée, la conception, puis lui succède l'acte.

La visualisation fonctionne selon ce principe de base, elle implique une phase de réflexion suivie d'une phase d'action. Par « action », il faut comprendre :

— l'action physique, celle que nous déployons dans notre existence quotidienne : activités professionnelles, relations avec les autres, etc., en somme tout ce que nous accomplissons ou vivons en temps normal.

— l'action au niveau cosmique en utilisant ce que les scientifiques nomment l'hyperespace et son « énergie libre », lors de notre pratique de la visualisation.

Dans le cadre de cet ouvrage la seule action qui nous intéresse est celle que nous accomplissons au niveau cosmique.

Pour que votre travail soit couronné de succès, il est nécessaire de bien maîtriser les trois règles suivantes :

— la force du désir ;
— la confiance ;
— la faculté d'accepter.

Ces trois éléments correspondent à une véritable programmation ; aussi par suite de leur importance leur consacrerons-nous les trois prochains paragraphes.

La force du désir

Il est indispensable que vous souhaitiez véritablement obtenir l'objet de votre visualisation en créant les conditions propices à son obtention. Souvent, nos désirs fluctuent avec le temps. Ce que nous désirons aujourd'hui peut parfaitement ne plus nous sembler indispensable le lendemain ou le surlendemain. Par conséquent, il est toujours préférable de se poser la question : « Est-ce que l'objet de mon désir correspond bien à ce dont j'ai le plus besoin ? »

Il se peut qu'à la suite de cette interrogation vous soyez amené à changer de sujet. Si tel était le cas, reposez la question ci-dessus pour tout nouveau souhait que vous pourriez formuler, jusqu'à l'obtention d'une réponse positive.

Le même raisonnement s'applique à une séance de visualisation destinée à vous procurer les conditions favorables à l'atteinte d'un objectif.

Dans une telle éventualité, la question deviendra : « Est-ce que je désire réellement atteindre cet objectif ? »

Pour ce faire, vous devrez toujours avoir une idée claire et aussi précise que possible de ce que vous souhaitez matérialiser.

La confiance

Le mot confiance provient de l'ancien français « fiance » qui signifie « foi ».

La foi — sans qu'il soit besoin de lui accorder un sens religieux — est un moteur extrêmement puissant. Il s'agit d'un véritable levier capable de soulever le petit monde de notre existence, à défaut de montagnes.

Les chances de constater un succès indéniable sont décuplées si vous éprouvez une confiance totale. Par conséquent, balayez vos doutes : ce sont des entraves.

Vous devez être persuadé des idées suivantes :

— Cette méthode est infaillible.
— Tout ce que vous visualisez correctement se produira immanquablement.
— Si votre objectif correspond à ce que vous désirez véritablement, il vous est donné de le réaliser.

La faculté d'accepter

Certains d'entre nous passent une grande partie de leur vie à courir derrière des objectifs, sans vouloir les atteindre véritablement. En cela, la vie ressemble pour eux à une compétition où l'important ne serait pas tant de gagner que de participer. Une telle attitude n'est pas répréhensible ou critiquable, elle correspond à un choix, seulement elle ne peut, évidemment, jamais mener à la réalisation des désirs.

Contrairement à l'idée généralement répandue, donner est moins difficile que d'apprendre à recevoir. Apprendre à recevoir nécessite, parfois, que nous fassions table rase de notre éducation et des préjugés qui nous ont été inculqués.

D.H. Lawrence, le célèbre écrivain anglais, semblait attacher une réelle importance à ce problème, ce qui l'incita à en faire le thème majeur de son livre *l'Homme qui était mort*. Dans ce roman, Lawrence mettait en scène un Christ, douloureux et pathétique, au lendemain de sa résurrection. Or, le Christ de Lawrence apprendra de Marie-Madeleine : « qu'aveuglé par sa mission il s'est précipité dans l'excès, qu'il a donné plus qu'il n'a pris... et que cela est pure vanité ».

Recevoir est aussi normal que de donner.

La force du désir, la confiance inébranlable et la faculté d'accepter et de recevoir devraient toujours constituer des règles pour ceux qui se livrent à des exercices de visualisation.

Si le désir est sincère, c'est-à-dire que si y croyez fermement et que vous vouliez le réaliser sans réserve, le souhait que vous formulez ne peut que se réaliser dans un bref délai.

Lorsque votre intention est précise et forte, votre visualisation aboutit aisément et rapidement. Dans tous les cas, n'hésitez jamais à vous interroger sur le bien-fondé de votre intention. Si elle vous paraît manquer de conviction, vous pouvez lui donner force et vigueur en usant de la technique des affirmations. Il vous suffit d'utiliser la formule suivante ou une autre qui soit similaire :

« Je suis désormais résolu à créer cela,
Ici et Maintenant. »

La programmation de l'abondance

Cette programmation rejoint ce que nous avons dit de la faculté d'accepter et de recevoir. Rares sont ceux parmi nos contemporains qui comprennent, ou veulent simplement admettre, que l'Univers est une authentique caverne d'Ali-Baba, une corne d'abondance.

A ce titre, l'Univers est apte à nous faire profiter d'une véritable manne, inépuisable et couvrant toute la gamme de ce que nous pouvons souhaiter. Qu'il s'agisse de n'importe quel domaine, tout ce que nous désirons, tout ce dont nous avons besoin, est à notre disposition. Pour y accéder, il suffit de croire, de désirer et d'accepter de recevoir.

Malheureusement, nombreux sont ceux qui se privent des libéralités de l'Univers. Cette situation est parfois engendrée par des schémas de pensée restrictifs. Ces schémas de pensée sont en réalité des préjugés fortement enracinés dans notre culture et qui nous confèrent une vision totalement erronée de l'existence. Qui parmi nous n'a jamais entendu ce type de clichés :

– Il n'y a pas suffisamment de richesses pour tous...
– L'homme doit gagner son pain à la sueur de son front...
– Posséder autant est immoral dans un monde où certains sont démunis et meurent encore de faim...
– La femme doit enfanter dans la douleur...
– Pour obtenir ce que l'on veut, il faut consentir des sacrifices...

Nous arrêtons cette énumération déprimante qui, en outre, a le défaut d'être contraire à tous les principes de fonctionnement de l'Univers. Il s'agit de conceptions sciemment déviées de ce qu'elles étaient à l'origine et ce, dans un but non avoué mais aisé à comprendre. Il était expédient pour certains d'interdire au grand nombre l'accès à un état normal et naturel de prospérité et de bonheur. Force est de constater qu'une telle attitude ne sert à rien et à personne. Constater un état de fait, même en s'apitoyant et en pleurant sur le sort des déshérités, ne parviendra jamais à résoudre leurs problèmes.

Que la misère et la famine soient des réalités

pour le plus grand nombre est une évidence. Toutefois, cela ne doit nullement être un encouragement à entretenir une telle situation. Cette réalité, rien n'autorise à l'entretenir ; elle n'est pas inéluctable. En fait, notre planète — et à plus forte raison l'Univers — renferme plus que le strict nécessaire pour que disparaissent ces fléaux que sont la pauvreté et la famine.

Organiser des quêtes n'est pas un acte négatif ; en revanche des actions ponctuelles de cette nature ne sont pas suffisantes.

Les racines du mal sont situées dans la conscience humaine. Refuser de croire à l'existence de la richesse et de l'abondance naturelles équivaut à préférer le chant des sirènes qui entonnent le couplet du programme de restriction et des impératifs budgétaires. L'ignorance, savamment entretenue, permet de répandre l'idée que pauvreté et rationnement sont inéluctables.

L'inéluctable c'est que dans ce système les populations continuent à croire qu'il s'agit de phénomènes endémiques. Ces mêmes populations doivent se convaincre que le pouvoir ultime est entre leurs mains, ou plutôt qu'il réside dans nos consciences. Si chaque individu voulait bien ouvrir sa conscience à l'idée que l'Univers est une corne d'abondance, nous assisterions rapidement à de véritables miracles.

Le monde au sein duquel nous évoluons — ou croyons évoluer — est un monde recelant tout ce dont nous avons besoin ; la bonté et l'amour y règnent. Ceci est difficile à admettre et cependant cette affirmation est véridique. Nous créons nos propres limites par manque de confiance, en refusant de croire à l'existence du bien universel. Notre esprit, déformé par des années de conditionnement, se plaît à raisonner en termes d'oppositions : blanc-noir — jour et nuit — bien et mal.

Le jour existe. La nuit n'a pas d'existence car l'obscurité n'est que l'absence de lumière et les « choses » ne sont qu'en fonction d'une présence, certainement pas en raison d'une absence. De même, le bien existe ! Pas le mal ! Le mal, comme la nuit, se caractérise par l'absence de lumière. Il est ce que nous créons en nous privant de la possibilité de faire le bien. Un raisonnement tel que celui-ci se révèle un peu plus exact que celui consistant en la croyance d'oppositions ; néanmoins il est également erroné.

Si ce raisonnement était vrai, le blanc se devrait d'être réel, ce qui n'est pas le cas. Le blanc n'existe pas à l'état naturel, il est issu du mélange des autres couleurs. De plus, les couleurs, pour être perceptibles, doivent être comme décodées, révélées.

Le révélateur qui nous en donne la conscience est la lumière, autrement dit de l'*énergie*.

Telle est la raison pour laquelle certaines philosophies prétendent que le monde est illusion. Ce concept est souvent mal compris et par suite impossible à admettre pour un esprit formé selon les normes occidentales. Pourtant, ledit concept n'a rien de choquant exposé différemment.

« Le monde *est* et n'*est pas*. Il n'est pas ce que nous voyons et, à ce titre, il est une illusion, une aberration des sens. Dans son essence, il est constitué de lumière ou d'énergie en mouvement, laquelle, en fonction de sa vitesse, détermine les formes, les densités, etc. »

Nous pouvons vous assurer qu'aucun scientifique, aussi matérialiste soit-il, ne pourrait s'offusquer de cette dernière définition.

La compréhension de ce que nous venons d'expliquer est sans doute de nature à favoriser en vous l'éclosion d'une vision totalement différente de l'univers.

Efforcez-vous de considérer ce monde comme un véritable paradis, où règnent la prospérité, l'épanouissement, le bonheur. Soyez convaincu qu'il est un lieu propice au succès, au sein duquel chacun peut améliorer son existence.

Cette simple programmation annulera les difficultés que vous rencontrez d'ordinaire en essayant de modifier et de changer votre vie. Vous constaterez rapidement les effets bénéfiques de cette nouvelle façon de penser.

En pratiquant ce que nous venons d'expliquer longuement, vous remplacerez l'obscurité par le jour, les échecs par la réussite.

Trop simple ! pensez-vous.

Pour venir à bout de l'obscurité, il ne vous viendrait certainement pas à l'esprit de tirer à la mitrailleuse, d'utiliser une batterie anti-aérienne ou un canon-laser.

Pour dissiper les ténèbres, il suffit de faire *jaillir de la lumière*.

En mettant en pratique la programmation décrite ci-dessus, vous *illuminez votre monde*.

La programmation

La force du désir :

Nos désirs varient.
Posez-vous la question :
« Est-ce que l'objet de mon désir correspond bien à ce dont j'ai le plus besoin ? »
ou
« Est-ce que je désire réellement atteindre cet objectif ? »

La confiance :

Une confiance absolue est impérative.
Confiance en :
— cette méthode ;
— votre capacité à visualiser ;
— la réalisation de vos désirs.

La faculté d'accepter :

Recevoir est aussi normal que donner.
En recevant vous n'ôtez rien à personne.

La programmation de l'abondance :

Imaginez l'Univers beau, juste et parfait…
et soyez assuré que l'Intelligence universelle l'a imaginé infiniment mieux encore.

Comment pratiquer la méditation?

L'une des étapes importantes sur le sentier menant à la réalisation est la prise de conscience de l'amour universel. En faire l'expérience revient à naître une seconde fois. Il s'agit véritablement d'une initiation, au sens où l'entendaient les anciennes écoles de Sagesse. Les différentes cultures et religions en ont conservé la trace. Par exemple, chez les catholiques, cette seconde naissance est symbolisée par le baptême de feu (Saint-Esprit) institué par le Christ en remplacement de celui d'eau, pratiqué par Jean. Les Indiens d'Amérique du Nord semblent avoir puisé à des sources identiques, puisque nous retrouvons dans leurs légendes le culte des « Deux Fois-Nés ».

Un fort potentiel d'amour existe en chacun de nous, plus ou moins latent, comme en sommeil chez certains. L'éveiller est possible. L'idée que chacun se fait de l'amour universel peut varier en fonction de nos convictions propres. Suivant le cas, on pourra y voir une manifestation divine, une émanation de l'esprit universel ou encore celle de l'Intelligence cosmique.

Peu importent les termes utilisés afin de désigner ce concept, l'essentiel étant d'établir le contact avec cette part, souvent insoupçonnée, de nous-mêmes. Lorsque la connexion aura été établie, vous ne pourrez vous y tromper. Vous serez habité par un étrange sentiment de puissance, une sensation inhabituelle de certitude. Vous aurez la conviction absolue que la connaissance, l'amour et la sagesse contribueront désormais à votre réussite pleine et entière. Nous vous engageons vivement à en faire l'expérience.

Votre vision du monde en sera fortement transformée, un peu comme si vous aviez abandonné vos lunettes à verres fumés. Au début, cela vous perturbera légèrement en ce sens que cette vision nouvelle est enivrante. Vous serez ébloui, à la façon de quelqu'un qui passerait de l'ombre à la lumière intense. Vous n'aurez plus envie de revenir à vos ténèbres antérieures.

Au début, cette sensation est assez fugitive et lorsqu'elle s'estompe on en éprouve comme du regret.

Peu à peu, vos séances se renouvelant, le phénomène se développera, gagnant en durée et en intensité. Dans le même temps, votre caractère enregistrera une mutation, laquelle se traduira par des changements d'humeur. Joyeux, serein et heureux, il vous arrivera de traverser des périodes de doute, de nostalgie inexplicable.

Ces signes ne sont aucunement alarmants, ils font partie intégrante du processus de développement. Pour progresser, il nous faut expérimenter toute la gamme des sensations humaines, or la tristesse en fait partie au même titre que la joie.

Le fait de connaître ces « nuits noires de l'âme », nous permet d'appréhender le bonheur avec plus d'intensité. Il s'agit de phénomènes bien connus des anciens mystiques et souvent décrits dans leurs œuvres.

L'expérience sus-mentionnée passe par l'établissement du contact avec l'Intelligence universelle, terme générique que nous utilisons de préférence à tout autre afin de ne heurter aucune conscience. Afin de réaliser ce contact vous pourrez avoir recours à deux types de méditation : la forme passive ou la forme active.

Pratiquer la méditation passive ne veut pas dire adopter une attitude négative.

La méditation dans sa forme passive peut être d'une remarquable efficacité et se révèle fréquemment une aide précieuse. Etre passif équivaut à se mettre en condition de *réceptivité*, donc d'être à même de recevoir.

Lorsque nous pratiquons la méditation dite active, nous nous trouvons dans la situation d'un *émetteur*.

La méditation « passive »

Cette méthode de méditation est destinée à apaiser notre mental, dont nous avons vu préalablement qu'il avait une certaine propension à être envahi de pensées parasites. Lorsque le mental est apaisé, nous sommes disponibles aux influences extérieures. L'état de passivité permet de s'ouvrir à une sagesse supérieure, sans prendre d'initiative.

La méthode consiste, lorsque vous vous heurtez à un problème dont la solution vous échappe, à formuler votre question à l'Intelligence universelle.

Pour ce faire, installez-vous confortablement et procédez à l'exercice de respiration qui vous a été enseigné.

Formulez ensuite la question, à voix haute ou mentalement, d'une façon aussi précise que possible, comme si vous vous adressiez à un interlocuteur classique.

Cette formulation accomplie, retournez vaquer à vos occupations en vous efforçant de ne pas demeurer accroché à votre problème.

La solution ou la réponse vous parviendra rapidement, sous forme de mots, d'intuitions ou d'images mentales.

Ayez recours à la méditation passive dès que le besoin s'en fera sentir, car l'expérience aidant un véritable automatisme se créera, vous apportant les réponses nécessaires de plus en plus vite.

La méditation « active »

Dans ce second cas, vous avez pleine autorité pour créer les conditions et les événements de votre existence. Pour ce faire, vous emmagasinez l'énergie de l'Univers, vous la focalisez ensuite sur votre objectif.

Ces deux procédés associés donnent d'excellents résultats, même si à l'issue de votre essai vous n'avez pas le sentiment d'avoir réussi à établir le moindre contact.

L'expérience m'a déjà prouvé que nous n'avons pas toujours conscience d'avoir atteint cet objectif. Une telle absence de sensations ne signifie nullement que l'expérience a échoué.

L'un de mes vieux maîtres — pour qui j'ai la plus profonde et sincère affection — avait coutume de dire: « C'est souvent lorsqu'on a le sentiment d'échouer que l'on progresse le plus. En revanche, il arrive que croyant progresser l'on régresse. »

Cette affirmation est parfaitement véridique et rejoint ce qu'écrivait Jorge Luis Borges, citant Schopenhauer : « Tout échec est bien souvent une victoire mystérieuse. »

Ceci est particulièrement vrai et, au cours du développement de vos facultés, vous serez amenés à constater que les événements que nous considérons généralement comme négatifs se transforment fréquemment en événements positifs.

Ceci est inhérent à la constitution de l'univers au sein duquel rien n'est jamais fixe mais en perpétuel devenir, en mouvement et en mutation.

Dès votre première tentative, il se peut que vous ressentiez la circulation abondante de l'énergie en vous, ce qui se traduit parfois par une sensation de chaleur. Ce symptôme est extrêmement positif et indique votre capacité à capter ladite énergie.

Voici un exercice pour progresser :

Installez-vous confortablement — peu importe que vous soyez assis ou couché. Le principal demeure que vous vous sentiez parfaitement à l'aise.
Respirez calmement et tranquillement, à votre propre rythme ; éliminez les tensions de votre corps.
Détendez-vous de plus en plus.
Insistez sur le dos et la nuque, ces zones étant en général très contractées.

Visualisez votre cœur (au besoin consultez auparavant une planche anatomique) émettant une lumière dorée, scintillante et chaude.
Au fur et à mesure de votre concentration, laissez grandir cette lumière et diffusez-la autour de vous et dans l'espace, en pensant que vous offrez cette énergie débordante d'amour à tous les êtres.

Vous avez en outre la possibilité de renforcer cette séance en usant des affirmations de votre choix.

Ces affirmations peuvent ressembler à celles que nous donnons ci-dessous :

— Je suis un être de lumière et d'énergie et je partage ces bienfaits avec autrui.

— Je suis un canal par lequel l'Énergie universelle se répand sur le monde.

— La lumière et l'énergie que je capte recèlent des vertus miraculeuses que j'utilise pour le bien de mes semblables.

La méditation sur l'abondance

En réalisant nos désirs, nous n'ôtons rien à personne, au contraire nous pouvons contribuer au bonheur de l'humanité en aidant davantage autrui.

Lorsque vous méditez sur l'abondance, vous ne travaillez pas uniquement pour votre propre profit mais également pour celui des autres.

Voici une méthode

Installez-vous confortablement et relaxez-vous du mieux possible.
Imaginez à présent que vous vous trouvez en un lieu agréable, un endroit où vous puissiez vous sentir parfaitement bien, en harmonie. Cet

endroit peut être totalement imaginaire ou un lieu réel pour lequel vous avez une certaine prédilection.
Votre choix sera fonction de vos goûts.
Vous pouvez choisir une plage ensoleillée, un sentier de montagne ou encore une prairie verdoyante traversée par un ruisseau.
Si vous préférez des lieux plus exotiques, vous pouvez opter pour le désert, la jungle ou n'importe quel autre endroit.
L'important n'est pas tant le choix du lieu en question que le fait de vous y sentir dans votre élément.
Prenez le temps d'imaginer les moindres détails, de les apprécier. Voyez-vous marchant tranquillement.
Changez de lieu brusquement, imaginez-vous transporté en un endroit totalement différent, vous baignant dans un lac aux eaux claires ou vous couchant dans un champ de blé.
Continuez à vous promener, à flâner, à vous baigner ; efforcez-vous de découvrir des panoramas de plus en plus variés ou étranges, au gré de votre fantaisie.
Appréciez ces paysages durant quelques instants, les uns après les autres.
Partez pour des paradis exotiques, à la végétation luxuriante, à la faune et à la flore variées et étonnantes.
A présent, vous arrivez devant la caverne d'Ali-Baba.
Vous prononcez le célèbre mot de passe : « Sésame ouvre-toi. »
Miraculeusement, la grosse pierre qui en obstrue l'entrée commence à se mouvoir, découvrant un passage.

Vous pénétrez dans la grotte. Un long couloir éclairé vous mène dans une vaste salle. Vous n'en croyez pas vos yeux. Devant vous s'étalent toutes les richesses de l'Univers: des bijoux ornés de superbes pierres précieuses, des objets en or massif, des fourrures, des pièces anciennes, des vêtements somptueux, richement brodés...

Laissez vagabonder votre imagination, soyez créatif.

Vous pouvez remplacer la caverne d'Ali-Baba par un château possédant une immense salle réservée à un trésor.

Quelle que soit l'option retenue, imaginez le monde où vous vous déplacez comme un véritable paradis, où vos désirs, même les plus fous, se réalisent.

Vous obtenez tout ce que vous souhaitez et plus encore.

Ceux que vous rencontrez au cours de votre périple partagent cette abondance, ils vivent comme vous dans un monde de plénitude.

Si le cœur vous en dit, vous êtes libre de voyager ailleurs, à travers d'autres galaxies, vous pouvez visiter des planètes lointaines.

Savourez ces expériences diverses comme vous le feriez d'aventures vécues.

Pour finir, rentrez chez vous, comblé, heureux en pensant que l'Univers est réellement un lieu d'abondance recelant d'incroyables merveilles.

Il peut être utile de renforcer votre création mentale par des affirmations en relation avec le thème de l'abondance.

Vous pourrez dire par exemple:

– Plus je m'enrichis et plus il m'est possible de partager ces richesses.
– L'Univers est abondance et j'y puise tout ce que je souhaite.

— De jour en jour ma prospérité s'accroît.
— J'accepte totalement les bienfaits du monde.
— Je mérite le bonheur et la prospérité.

Ces affirmations peuvent être variées à l'infini et nous vous laissons libre de formuler celles qui vous conviennent.

La méditation sur l'abondance telle qu'elle vous a été expliquée revêt une réelle importance, car elle permet de se trouver en état de « délocalisation ». Autrement dit, lorsque vous pratiquez ce périple dans l'imaginaire, vous rompez avec l'univers étriqué du quotidien et ce faisant vous ouvrez la porte à des possibilités inouïes de changement.

Il vous est donné de matérialiser ce qui existe à l'état virtuel, ce qui est en puissance. Virtuel signifie d'ailleurs : « qui a en soi toutes les conditions essentielles à sa réalisation ».

Pratique de la méditation :

La méditation « passive » :

Cette forme de méditation permet de s'ouvrir à une sagesse supérieure.

Utiliser la méditation passive équivaut à être un récepteur. Il suffit de poser la question résumant le problème auquel nous sommes confrontés. La réponse est fournie sous forme de mots, d'intuitions ou d'images mentales.

La méditation « active » :

Dans ce cas vous êtes émetteur.

Le processus est le suivant :

— relaxation profonde ;
— visualisation du cœur irradiant une lumière dorée ;
— diffusion de cette lumière ;
— utilisation des affirmations en complément.

La méditation sur l'abondance :

Ceci revient à travailler à la fois à sa propre prospérité et à celle des autres. Cette technique repose sur la représentation mentale d'un périple varié, à l'issue duquel est créée une situation de plénitude, suite à la découverte d'un trésor inépuisable.

Il s'agit de matérialiser ce qui existe en puissance (à l'état virtuel).

La loi trinitaire et ses applications

Nous avons évoqué précédemment certaines lois qui régissent le fonctionnement de l'univers. L'une d'entre elles a pour nom « Loi de Trois », parfois également désignée comme étant « Loi du Triangle » ou « Loi Trinitaire ».

A titre d'exemple, l'être humain appartient aux trois règnes : animal, minéral et végétal. Nous appartenons au règne animal par la chair et le sang, au règne minéral par les os et les ongles et au règne végétal par les cheveux et le système pileux.

A l'échelle de l'infiniment petit, autrement dit du monde des particules, le même phénomène est observable. Les physiciens postulent que le quark (une étrange particule) se divise en trois parties. Le proton, quant à lui, se composerait de trois de ces fameux quarks. Ce point étant quelque peu technique, nous n'entrerons pas dans le détail de la constitution de la « matière » ici. Ce sujet sera approfondi au sein de la dernière partie de cet ouvrage.

Dans le domaine de la religion s'observe le

même enseignement, ce qui tendrait à prouver que les Anciens — à défaut d'une connaissance précise — avaient la prescience de la loi trinitaire. Cette loi semble avoir été formulée de diverses manières. Pour ne citer que la plus célèbre, nous constatons que la religion catholique est fondée sur la trinité « Père-Fils et Saint-Esprit ».

Encore une fois, il ne s'agit que d'un exemple et nous pouvons étendre cette observation à d'autres traditions, ne serait-ce qu'en évoquant la *Trimûrti* de l'hindouisme.

Les philosophies archaïques considéraient que l'homme était constitué de trois principes:
— le corps ;
— l'âme ;
— l'esprit.

Cette composition était d'ailleurs celle retenue par les premiers chrétiens.

Les alchimistes, même si leurs textes sont volontairement obscurs pour le grand public, n'affirmaient pas autre chose. Selon ces derniers, tous les métaux étaient composés de trois principes qu'ils désignaient sous les dénominations suivantes:
— soufre,
— sel,
— mercure.

De leur côté, les philosophes chinois utilisèrent la notion de *Tao* (terme traduit imparfaitement par la Voie). Le *Tao* est le symbole de l'union du ciel et de la terre ; il est réputé produire Un, lequel produit Deux ; Deux produisant Trois.

Cette importance du nombre Trois a fortement influencé la tradition bouddhiste. Cette philosophie considère en effet que le temps est triple: passé, présent et avenir, et que le monde comprend: la terre, l'atmosphère et le ciel. La

Trimûrti ou manifestation divine, évoquée plus haut, est l'expression des principes producteur, conservateur et transformateur lesquels correspondent aux tendances expansive, ascendante ou centripète et descendante ou centrifuge.

Peu importe la terminologie à laquelle font appel les religions ou les philosophies, en dépit de dénominations différentes, le principe ainsi masqué demeure le même.

Il a, le plus souvent, été figuré par une figure géométrique simple : le triangle.

Il est évident qu'il fallait que le secret soit important pour être ainsi transmis au cours des siècles et surtout qu'il se retrouve au sein de toutes les grandes traditions.

On raconte ainsi que lorsqu'un nomade arabe hésitait à prendre une décision, il choisissait trois flèches.
Sur l'une, il écrivait : « Mon Seigneur m'ordonne. » Sur la seconde, il rédigeait : « Mon Seigneur m'interdit. » Sur la troisième il n'inscrivait rien.

Il replaçait les flèches dans son carquois, puis en tirait une au hasard. S'il retirait celle où rien n'était inscrit, il recommençait l'opération.

Il existait de nombreuses variantes de ce moyen visant à prendre la bonne décision. Toutes ces variantes possèdent un point commun : le chiffre Trois.

Il en allait de même lors des rites de purification où l'on commençait par se laver les mains trois fois de suite.

Les contes véhiculaient un message identique. Ainsi, le héros, partant à la rencontre d'un démon, déclarait à ses ennemis qu'il pousserait trois cris : le premier en apercevant le démon, le second lors de sa lutte avec lui et enfin le troisième au moment de la victoire.

Jusqu'à nos contes de fées qui rapportent cette connaissance. Par exemple, le Petit Chaperon Rouge est invité par sa Mère-Grand à tirer la chevillette trois fois.

L'utilisation du chiffre Trois était destiné à préserver un secret d'ordre magico-religieux qui se trouve énoncé en clair dans la religion de l'Iran ancien, dont la triple devise était : bonne pensée, bonne parole et bonne action. Cette devise, comme vous êtes en mesure de le constater, était très proche des principes de base utilisés en visualisation.

Pourquoi cette fascination des peuples pour le chiffre Trois ? Parce que Trois symbolisait la manifestation. Ainsi, pour les Anciens, le tronc d'un arbre à hauteur d'homme, révélait ce qui le dépassait en l'air : branches et feuilles, et ce qui se cachait sous la terre : les racines.

Il est probable que les anciennes civilisations tirèrent leur symbolisme de l'observation de la nature. Elle leur révéla que tout dans notre monde évoluait selon trois phases : apparition, évolution, destruction (ou transformation), ou encore : naissance, croissance, mort.

Certains peuples, plus spéculatifs que d'autres, érigèrent ladite observation en système et l'intégrèrent dans leur tradition. Ce fut le cas des kabbalistes juifs qui privilégièrent la loi du ternaire.

Ces derniers affirmaient que Tout procédait nécessairement par Trois qui ne font qu'Un.
En tout acte, un par lui-même, se distingue :
1) Le principe agissant, cause ou sujet de l'action.
2) L'action de ce sujet : son verbe.
3) L'objet de cette action, son effet ou son résultat.

Pour les kabbalistes, ces trois termes sont inséparables et se nécessitent réciproquement. Par exemple, la création implique un créateur, l'acte de créer et la créature. Ceci peut se résumer par l'existence de trois principes : actif, intermédiaire (ou neutre) et passif.

Actif : correspond à la pensée pure.

Intermédiaire : équivaut à l'exercice de la volonté.

Passif : se rapporte à l'action réalisatrice, aux énergies réalisatrices.

Ces définitions évoquent naturellement des résonances familières chez nos lecteurs à qui il suffit de transposer ces principes généraux dans le domaine des techniques de visualisation.

Il est probable, cependant, que la notion de « Loi trinitaire » demeure néanmoins quelque peu floue, du moins dans ses applications pratiques.

Nous allons nous efforcer de schématiser au maximum ce grand et merveilleux principe, en décomposant le processus d'utilisation de ladite loi en matière de visualisation.

Les trois niveaux d'existence

Votre existence se résume à :
— être ;
— accomplir ;
— avoir.

Être : représente l'expérience d'être vivant et conscient. La méditation a pour but de favoriser cette prise de conscience et de vous mener à l'accomplissement par la mise en harmonie.

Accomplir : concerne le domaine de l'activité, du mouvement et recouvre tout ce que vous faites quotidiennement.

Avoir : constitue la relation existant avec les êtres et les choses qui nous environnent.

L'erreur commune consiste à vouloir posséder toujours plus, en croyant obtenir ainsi davantage de liberté et par conséquent le bonheur. Ce raisonnement est erroné car inversé. En fait, le bonheur (nos possessions) se réalise par notre potentiel à être et à accomplir. Être et accomplir sont les fondements de toute réussite, ce qui peut se résumer par le schéma suivant :

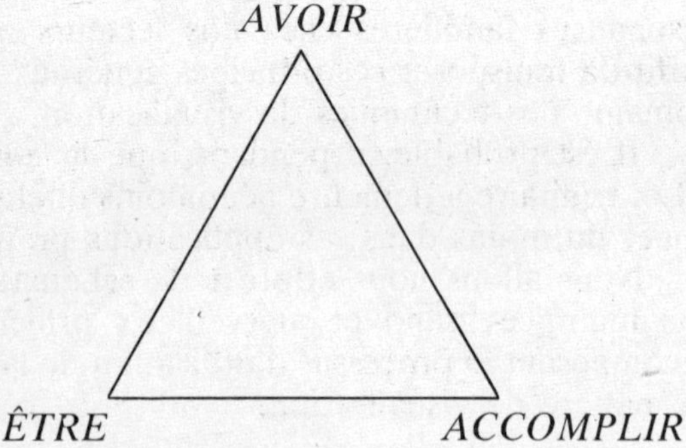

Les trois points de la visualisation

Nous savons maintenant qu'une visualisation réussie doit être fondée sur trois points précis, à respecter impérativement.

Après un bref résumé, nous aurons recours à un schéma, les dessins permettant de mieux mémoriser l'information.

— Le désir : Il ne s'agit pas d'un désir obsédant mais plutôt d'une démarche sincère et précise visant à obtenir, à créer ou à réaliser ce que vous souhaitez.

— La confiance : Vous devez vouloir atteindre votre objectif. Avoir confiance en vos possibilités. Avoir confiance en cette technique.

— L'acceptation : Il est impératif que vous soyez prêt à recevoir et que par conséquent vous acceptiez les bienfaits formant le sujet de votre séance de visualisation.

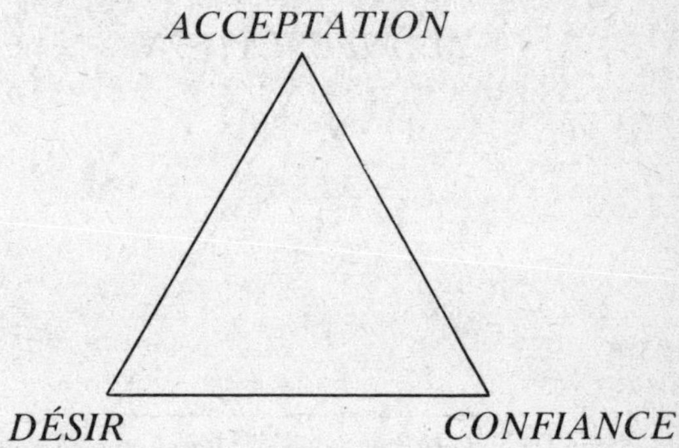

La loi trinitaire et la visualisation

La difficulté initiale ne réside pas dans l'obtention de ce que l'on souhaite obtenir, donc matérialiser.

La réalisation est la *phase terminale* de votre séance de visualisation ; elle résulte automatiquement des efforts que vous aurez déployés préalablement.

Dans un premier temps, vous vous livrez à la réflexion, choisissant le thème de votre séance de visualisation, analysant vos motivations, et définissant votre ou vos buts.

En second lieu, vous appliquez ce que nous vous avons enseigné ; vous mettez en œuvre une technique consistant à créer une image mentale aussi précise et vivante que possible en vous persuadant que les composantes de cette image sont *déjà* dans la réalité.

La manifestation — y compris les moyens mis

en œuvre — se produit sans que vous ayez à intervenir.

Cette phase de réalisation s'accomplit à un niveau supérieur.

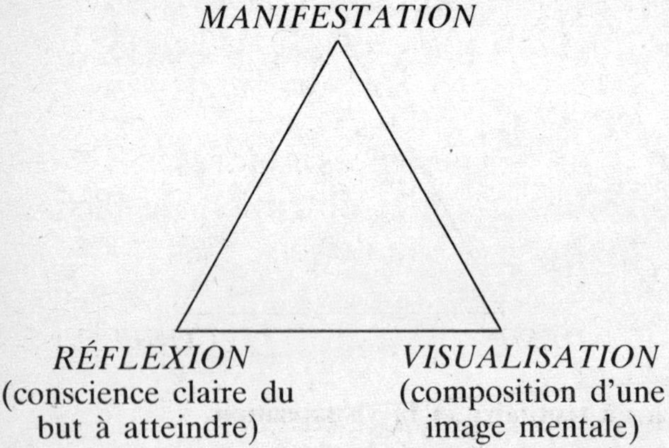

Expériences guidées. Visualisation et obtention de biens matériels

Expérience : l'abondance matérielle

Dans ce premier cas de figure, votre séance de visualisation portera sur une idée générale et par conséquent vous n'aurez pas à imaginer de situations bien définies.

En effet, les sources susceptibles de procurer l'abondance matérielle sont multiples et il ne vous appartient pas de choisir l'une d'entre elles. Vouloir opérer un choix, en l'occurrence, reviendrait à imposer les moyens et limiterait les possibilités d'intervention de l'Energie universelle. Ce serait une erreur, aussi allons-nous vous expliquer la manière de procéder afin d'obtenir un maximum d'efficacité.

Relaxation

Que vous accomplissiez votre séance de visualisation le matin, en cours de journée ou le soir, la façon de procéder reste la même. Toutefois, si vous optez pour le soir, c'est-à-dire avant d'aller dormir, vous pratiquerez la relaxation avant de vous coucher. En revanche, vous pourrez visualiser dans votre lit, sans qu'il en résulte le moindre inconvénient.

Vous utiliserez, de préférence, la méthode de relaxation rapide. Adoptez la position suivante :
Asseyez-vous confortablement en veillant à ce que votre colonne vertébrale soit bien droite.
Vos pieds reposent à plat sur le sol ; ils sont légèrement écartés l'un de l'autre.
Posez vos mains à plat sur vos genoux.

Inspirez à fond, en gonflant le ventre.
Retenez l'air inspiré en comptant mentalement jusqu'à dix.
Expirez par la bouche, lentement et à fond, en creusant le ventre.

Vous recommencez cet exercice respiratoire deux fois.
A l'issue de la troisième fois, demeurez quelques secondes immobile en respirant normalement.

Puis, inspirez à fond.
Bloquez votre respiration.
Dans le même temps, crispez votre corps.
Tendez tous vos muscles.
Serrez les mâchoires fortement, serrez les poings.
Crispez les muscles du dos, ceux de la poitrine et du ventre.
Procédez pareillement avec les muscles fessiers, ceux des jambes et des pieds.
Votre respiration est toujours bloquée.
Insistez, sans atteindre les limites de l'inconfort.
Expirez, lentement, à fond, par la bouche et, ce faisant, relâchez votre tension nerveuse. Laissez tous vos muscles se détendre.

Respirez normalement durant quelques secondes.

Cet exercice de rétention d'air associé à la crispation musculaire doit être effectué deux fois encore.

A l'issue de la troisième fois, demeurez tranquille, passif, durant quelques secondes.

Vous allez à présent passer à la phase n° 2, la phase active concernant votre visualisation.

Comme pour la relaxation, les étapes vont vous être indiquées précisément et l'une après l'autre.

Analyse de vos motifs

Vous avez choisi de visualiser l'*abondance matérielle*.

Posez-vous les questions suivantes et fournissez des réponses honnêtes.

— Est-ce que je recherche l'abondance et la prospérité pour moi seul ?
— Est-ce que l'obtention de ces bienfaits me permettra de procurer des satisfactions à mon entourage ?

Il est évident qu'une amélioration de votre train de vie aura des répercussions heureuses pour votre conjoint, votre partenaire, vos enfants et si vous avez le sens de la convivialité, pour vos amis.

Par souci de simplification, nous supposerons que vous avez répondu par l'affirmative à l'ensemble de ces questions. Par conséquent, vous êtes dans d'excellentes dispositions afin de poursuivre ce processus.

Quel est votre but?

Dans ce cas précis, votre demande possède un caractère général. Vous souhaitez obtenir un accroissement de l'ensemble de vos biens matériels, une amélioration importante de votre « standing ». Pour ce faire, il convient de programmer la prospérité. La prospérité n'étant pas quelque chose de tangible, il est absolument nécessaire de trouver sous quelle forme vous allez pouvoir l'intégrer dans votre représentation mentale.

La solution consiste à visualiser *une situation*. Cette situation sera nourrie d'affirmations positives formulées au présent.

La visualisation

Asseyez-vous confortablement (éventuellement vous pouvez être allongé). Fermez les yeux, sans accomplir d'effort, naturellement. Respirez paisiblement.

La force de votre désir

La prospérité, l'abondance matérielle, correspondent-elles à ce dont vous avez véritablement besoin? Oui. Ces bienfaits vous permettront d'améliorer le sort quotidien de ceux que vous aimez. Les mettre à l'abri du besoin est une merveilleuse manifestation de l'amour que vous leur portez. Vous désirez atteindre votre objectif.

La confiance

Il est primordial que vous soyez convaincu de l'infaillibilité des techniques de visualisation et du fait que ce sur quoi vous allez travailler se produira. Dans cette optique, utilisez une ou deux affirmations, du type suivant:
« La méthode que j'utilise est d'une remarquable efficacité. »
« Grâce à cette technique infaillible mes désirs deviennent réalité. »

« Visualiser est un jeu d'enfant, j'y parviens aisément. »

L'acceptation

Comme pour la phase relative à la confiance, il vous suffira d'énoncer une ou deux affirmations :

— Recevoir est tout à fait normal.
— J'accepte de recevoir les bienfaits de l'Univers.
— Désormais, je suis résolu à créer les conditions d'une vie meilleure.

La création de la situation

Vos yeux étant clos, vous avez la perception d'une surface opaque, sombre, dont la couleur peut varier d'un individu à l'autre. Vous allez utiliser cette surface comme écran ou comme un tableau noir, selon votre préférence. Efforcez-vous dans un premier temps de vous voir tel que vous êtes dans ce cadre. Vous pouvez vous mettre dans ce tableau en buste ou en pied, peu importe. Le principal est de parvenir à voir votre image. Au début, il est possible que seule votre silhouette apparaisse. Persistez. Contraignez-vous à compléter cette image. Ajoutez de la couleur, celle de vos vêtements. Voyez en détail ces vêtements : leur forme, leur teinte, le tissu dont ils sont faits. Cette recherche du détail favorisera votre concentration et vous facilitera la représentation de vous-même. Une fois votre image obtenue, entourez-la de lumière.

A ce stade, vous avez projeté votre reflet mental dans un cadre neutre ; à présent, vous allez compléter votre tableau en fonction de votre imagination et de vos désirs. Autrement dit, vous devez animer votre tableau, le compléter en y ajoutant tous les éléments susceptibles de représenter ce que vous souhaitez obtenir ou voir se réaliser. En d'autres termes, vous allez « rêver vrai ». Pour que votre rêve éveillé soit empreint de crédibilité et de réalité, vous devez impérativement l'*animer,* en *vivre l'action.*

Pour animer votre création mentale et en vivre l'action, il convient que vous intégriez l'image de vous-même dans les situations que vous imaginez, que vous vous voyiez bénéficiant des biens matériels figurant dans votre tableau.

La manière la plus simple et la plus efficace d'y parvenir consiste à visualiser et par conséquent à former successivement une suite d'images mentales de vous-même en train de vivre des situations absolument similaires à celles que vous voudriez vivre dans la réalité quotidienne. A cette fin, nous vous indiquons ci-après une suite de situations variées, lesquelles n'ont toutefois qu'une valeur d'exemples. Encore une fois, vous êtes absolument libre de faire appel à votre propre créativité en choisissant des situations différentes correspondant à vos goûts et à votre sensibilité.

Néanmoins, ayez toujours présent à l'esprit ce que nous avons dit précédemment :

Vous ne devez pas vous préoccuper de la manière dont se réaliseront vos désirs. Vous vous bornerez à vivre des situations.

Votre visualisation portant sur l'*abondance*, il serait bon que vous méditiez sur cette dernière en utilisant la méthode qui vous a été enseignée au chapitre n° 2, lequel était consacré aux différentes formes de méditations. Vous adjoindrez ensuite à cette méditation, des jeux de situations plus spécifiques.

Première situation

Vous pouvez vous imaginer effectuant un dépôt important dans une banque. Pour ce faire, voyez la façade dudit établissement de crédit, efforcez-vous d'en avoir une vision qui soit précise. Vous vous voyez devant cette banque. Vous êtes serein et heureux, sûr de vous. Vous pénétrez dans le hall et vous dirigez jusqu'à la réception. A la personne chargée d'accueillir la clientèle vous adressez un aimable bonjour, accompagné d'un sourire, puis vous exposez l'objet de votre venue. Vous demandez à voir un responsable de l'agence. L'employé téléphone et après quelques secondes vous prie de bien vouloir patienter un peu. Vous remerciez aimablement et prenez votre mal en patience.

Au bout de quelques minutes, vous voyez votre interlocuteur venir à votre rencontre, souriant. Il vous tend une main chaleureuse et vous invite à le suivre dans son bureau. Vous pénétrez dans le bureau en question et vous installez confortablement. Le chargé de clientèle s'enquiert des motifs de votre visite. Vous lui expliquez que vous souhaitez effectuer un dépôt important. Votre interlocuteur vous demande à combien se montera votre versement. Vous lui en précisez le montant (il vous appartient de définir la somme à mentionner). Vous pouvez ajouter qu'il s'agit d'un premier dépôt et qu'il sera suivi d'autres versements. Votre interlocuteur procède à l'ouverture de votre compte (si vous n'en avez pas dans cette banque), remplissant les formulaires en fonction des renseignements d'état civil que vous lui communiquez. Si vous êtes déjà titulaire d'un compte, le chargé de clientèle se contente de remplir un bordereau de dépôt.

Une fois ces formalités accomplies, il vous prie de bien vouloir apposer votre signature au bas du ou des documents qu'il vient de préparer.

Sur ces documents figure le montant de votre dépôt. Voyez distinctement cette somme et créez autour d'elle une auréole de lumière. Vous signez en bas de page et de la même façon vous visualisez autour de votre signature une lumière abondante.

Le responsable de votre compte vous ayant assuré que tout était en ordre, vous vous levez. Il vous raccompagne dans le hall et vous remercie de la confiance que vous accordez à son établissement. Vous prenez congé.

A l'extérieur, le soleil est radieux. Vous demeurez une seconde ou deux à contempler la rue inondée de lumière. Un sourire flotte sur vos lèvres. Vous êtes heureux et satisfait des libéralités de l'existence à votre égard. Vous pouvez prolonger votre visualisation sur le mode qu'il vous plaira.

Lorsque l'exercice ne vous amuse plus, abandonnez-le et ne pensez plus à ce que vous venez de créer. Vous pouvez vaquer à vos occupations ou vous endormir paisiblement avec le sentiment profond que tout est bien et que cette situation se matérialise...

Remarques: Il est évident que dans la réalité quotidienne, la scène vécue ci-dessus se produirait quelque peu différemment. Les formalités seraient plus complexes. Votre interlocuteur se montrerait sans doute moins aimable, plus blasé. Il est possible également que vous n'accordiez pas une confiance excessive aux banquiers ou que vous n'aimiez pas les banques. Ceci importe peu. En matière de visualisation vous n'avez pas à vous appesantir sur des sentiments négatifs. Seules comptent la vision positive et la conviction dont vous imprégnez votre création mentale. En matière de visualisation vous créez une *situation idéale* et non une réplique parfaitement fidèle du monde tel qu'il fonctionne, avec ses imperfections.

Deuxième situation

L'abondance matérielle peut se traduire également par des éléments plus concrets. Par exemple, vous rêvez peut-être d'une maison ou d'une demeure spacieuse au sein de laquelle les membres de votre famille seraient heureux de vivre et de s'épanouir. Cette maison, il vous suffit de la programmer.

Comme pour la première situation, vous allez commencer par créer mentalement votre propre image. Une fois cette première représentation obtenue, vous vous efforcerez de faire de même en ce qui concerne votre conjoint et vos enfants éventuels. Vous devez les voir tels qu'ils sont dans la réalité, tels que vous les aimez. Ensuite vous intégrerez votre petite (ou grande famille) dans la représentation mentale de la maison idéale que vous souhaitez habiter.

Cette habitation, vous allez la créer dans ses moindres détails, en fonction de vos désirs, de vos goûts. Commencez par voir l'extérieur de votre demeure. Quels sont les matériaux ayant servi à la réaliser? S'agit-il de matériaux modernes ou de pierre de taille? Quelles sont les dimensions de sa façade? Disposez-vous d'un jardin? Si oui, quelles sont ses caractéristiques? Est-il planté d'arbres fruitiers? Quels sont ces arbres? Au contraire, il peut s'agir d'un jardin fleuri.

Quel que soit votre choix, efforcez-vous d'en voir les détails avec un maximum de précision.

Il est possible également que votre terrain comporte une piscine. Dans ce cas, n'hésitez pas à voir vos enfants s'y amuser, rire aux éclats en s'éclaboussant mutuellement. Comme il est probable que vous ne passerez pas toute votre existence dans le jardin ou sur votre terrain, il est prudent de compléter votre visualisation. Dirigez-vous vers le porche. Ouvrez la porte. Un couloir suffisamment vaste dessert toutes les pièces. Vous suivez ce couloir et pénétrez dans la première de ces pièces. Il peut s'agir du salon par exemple.

Examinez cette grande pièce accueillante. La lumière pénètre abondamment par les baies vitrées. Ce salon doit correspondre à vos aspirations les plus profondes, vous allez par conséquent en créer la décoration dans son intégralité, sans rien omettre. Voyez la couleur et les motifs des papiers peints et des tentures, le style de l'ameublement et des luminaires. Vous pouvez ajouter à votre vision une belle cheminée.

Une fois votre tableau composé mentalement, circulez dans cette pièce, respirez-en la chaude atmosphère, posez un regard émerveillé sur sa décoration harmonieuse. Tout dans ce salon donne une sensation de confort et de sécurité. Il fait bon vivre au sein d'un environnement aussi parfait.

Quittez cette pièce et passez aux suivantes... Vous visualiserez chacune des autres pièces composant votre habitation de la même façon, vous efforçant d'enrichir votre vision d'un luxe de détails. Veillez à vous voir évoluer ainsi que les membres de votre famille dans chacun de ces décors de rêve.

Une fois l'exercice achevé, ne vous accrochez plus à cette séance, laissez ces images s'évaporer, se dissoudre dans l'espace. Ne pensez plus à votre désir. Vous pouvez vaquer à vos occupations ou vous endormir.

Les forces de l'Univers travaillent à la satisfaction de vos ambitions et cette situation, dont vous venez de semer la graine, se matérialise inéluctablement.

Remarques: Il est évident que votre visualisation doit porter sur des situations étant du domaine du possible. Il ne vous faudra jamais oublier de vous montrer un tant soit peu réaliste.

En supposant que vous disposiez de moyens matériels limités, de revenus moyens, il serait totalement irréaliste de songer à acquérir une demeure qui ressemblerait au château de Versailles. Certains « miracles » exigent une démarche quelque peu différente et une préparation de plus longue haleine. Ceci ne veut nullement dire qu'il vous faut limiter votre demande et vous satisfaire d'une acquisition en rapport avec votre état de fortune actuel. Nous souhaitons simplement attirer votre attention sur le fait que vous *devez vous donner les moyens de vos ambitions.*

Dans cette optique, si vous désirez posséder une habitation dont le prix dépasse vos possibilités, il sera souhaitable que vous commenciez par augmenter vos revenus, par exemple en créant les conditions d'une évolution de carrière. Par conséquent, vous commencerez par visualiser une progression de votre statut professionnel qui soit proportionnel à vos ambitions. Cette possibilité fera l'objet de notre troisième exemple ayant trait aux différentes situations qui se peuvent rencontrer.

Troisième situation

Rares sont ceux parmi nous qui travaillent pour le plaisir. Rares sont les individus ayant la chance de faire le métier dont ils rêvaient étant enfants. Les raisons de cet état de fait peuvent tenir à différents facteurs. Il se peut qu'une interruption d'études ait été provoquée faute de possibilités intellectuelles ou parce que nos parents appartenaient à un milieu modeste et ne pouvaient se permettre de financer de longues études. Il se peut également que nos capacités n'aient pas été adaptées au métier que nous envisagions de faire.

Toutes ces hypothèses, et de nombreuses autres, sont envisageables, compréhensibles et peuvent expliquer nos échecs et nos déceptions. Néanmoins, force est de constater que certains êtres, moins doués, ayant pris un plus mauvais départ dans l'existence que le nôtre, parviennent à une brillante réussite.

Les sociologues et autres moralistes vous expliqueront que leur réussite repose sur un travail acharné, une volonté inébranlable d'arriver. De telles assertions n'expliquent pas tout. En fait, bien souvent, ces êtres étonnants ont su pallier leurs insuffisances, ils sont parvenus à surmonter leur handicap. Ce que l'on nomme « volonté inébranlable d'arriver » ressemble fortement, sur le fond, aux techniques que nous vous enseignons. Fréquemment, ceux qui occupent des situations importantes, des postes à responsabilités ou qui font une brillante carrière (nous ne parlons évidemment pas des individus bien-nés ayant bénéficié dès leur jeunesse du cercle des relations familiales) ont su utiliser au mieux un certain potentiel. Certains sont même parvenus à transcender des défauts physiques ou des difficultés initiales.

Comment expliquer ce mystère ?

En développant une volonté de réussite jusqu'à l'obsession, ces personnes ont simplement mis en œuvre, de façon inconsciente, les lois et règles applicables dans le domaine de la visualisation. Ils ont rêvé, jour après jour, leur vie telle qu'ils l'ambitionnaient, nourrissant leur rêve d'énergie jusqu'à ce qu'il devienne *réalité*.

Soyez persuadé, en considérant de telles réussites, fondées sur l'utilisation inconsciente des mécanismes de l'univers, que l'application consciente de certains principes se révèle encore plus efficace.

Recherche d'un emploi

La recherche d'un emploi, et notamment celle du premier, est toujours une situation usante et fréquemment déprimante. Le fort taux de chômage sévissant actuellement au sein des pays industrialisés n'est pas de nature à simplifier ce problème. Les démarches traditionnelles auront plus de chance d'aboutir si vous utilisez la visualisation.

Dans un premier temps, vous utiliserez toute la gamme des possibilités classiques : relations personnelles, consultation des offres d'emplois disponibles publiées et affichées dans les locaux des organismes officiels, réponse aux annonces, candidature spontanée...

La visualisation peut vous aider dans deux cas de figures : Vous pouvez préparer votre futur entretien d'embauche de façon à ce que votre candidature soit examinée favorablement. Cette phase étant similaire à celle rencontrée par un individu désireux de changer d'emploi, nous verrons plus loin comment il convient de procéder. Dans l'immédiat nous nous en tiendrons à la phase consistant à attirer les propositions d'emploi, à favoriser le contact avec des employeurs potentiels. Relaxez-vous, tel que cela vous a été enseigné au début de ce chapitre.

Choisissez le thème de votre séance de visualisation. En l'occurrence, votre objectif est de trouver du travail. Posez-vous les questions suivantes :

- Quel est le secteur d'activité ayant votre préférence ?
- Quel est le montant du salaire annuel souhaité ?
- Souhaitez-vous que ce travail offre d'autres stimulations ? Si oui, lesquelles ? Intérêt des tâches, perspectives d'évolution de carrière, enrichissement culturel, relations humaines...
- Dans quelle région souhaitez-vous travailler ?

En résumé, efforcez-vous de cerner le plus exactement possible, la situation correspondant à votre idéal de vie.

Préparez-vous à visualiser.

- Analysez la force de votre désir, comme expliqué précédemment.
- Soyez convaincu de l'infaillibilité de cette méthode. Au besoin, pratiquez quelques affirmations destinées à renforcer votre confiance.
- Utilisez quelques affirmations afin d'établir que vous êtes disposé à recevoir les bienfaits de l'Univers.

Créez la situation.

Fermez les yeux. Une surface noire ou opaque apparaît. Sur cet écran, projetez votre image.

Efforcez-vous de vous voir exerçant les activités liées au métier que vous souhaitez faire. Voyez le cadre dans lequel vous évoluez, ce cadre est agréable, il constitue un lieu propice à l'épanouissement.

Observez attentivement votre entourage professionnel ; vos collègues sont des gens charmants, chaleureux, souriants qui ont accepté votre présence sans réticence. Vous êtes parfaitement intégré. Vous bénéficiez de l'estime de tous.

Vos compétences réelles et votre sérieux vous attirent la sympathie et l'estime de vos supérieurs hiérarchiques. Ils savent qu'ils peuvent compter sur vous et que vous ne décevrez pas leurs espoirs. Ils envisagent pour vous une rapide promotion, sûrs que vous êtes absolument l'homme de la situation. Ils vous font confiance et cette marque d'estime renforce encore votre sentiment de bien-être.

Vivez cette évolution professionnelle, laquelle peut se traduire par l'octroi d'un bureau plus vaste et mieux adapté à vos nouvelles fonctions, par un changement de titre, par une substantielle augmentation de votre salaire.

Multipliez les situations à votre gré, envisageant toujours plus de satisfactions, en fonction de votre seule fantaisie et de vos aspirations les plus secrètes.

N'oubliez pas d'auréoler ces scènes de lumière et de formuler toutes les affirmations susceptibles d'aider au renforcement des images que vous constituez.

Une fois votre séance de visualisation achevée, vaquez à vos occupations ou endormez-vous paisiblement, si vous étiez couché. Ne pensez plus à votre problème. Il se trouve à présent être en « de bonnes mains »...

Changement d'emploi

Dans les grandes lignes, cette situation ressemble à la précédente. Par suite, vous aurez recours à toutes les possibilités matérielles énoncées précédemment afin de réaliser ce que vous souhaitez. Dans le cadre du sujet qui nous occupe, nous nous attacherons surtout au travail à effectuer au niveau de la visualisation. La préparation, c'est-à-dire la phase de relaxation, étant toujours la même, nous ne nous étendrons pas sur ce point qui doit, à présent, vous être familier.

Vous devez définir le thème général de votre séance.

Plusieurs hypothèses de travail peuvent être envisagées:
Vous avez répondu à une annonce (ou vous avez fait acte de candidature spontanée) et vous êtes convié à un entretien.
L'une de vos relations, au courant de votre désir de changer d'employeur et fort d'une opportunité qui se présente, offre de favoriser votre candidature en jouant le rôle d'intermédiaire.

D'autres éventualités peuvent être retenues et il vous appartient de choisir la formule qui vous correspond le mieux. L'important réside moins dans le choix de la situation de départ que dans l'authenticité que vous conférez à vos simulations, par l'élaboration d'un véritable mini-scénario.

Vous allez visualiser le point de départ de votre film: Vous voir recevant une lettre d'un employeur que vous aviez contacté. Dans ce courrier, il vous propose de prendre contact avec lui afin de convenir de la date d'un entretien préalable.

Autre point de départ possible: Vous déjeunez avec un ami et au cours du repas, vous lui faites part de vos projets. Vous pouvez développer cette scène, imaginant cet ami vous proposant de vous parrainer auprès de son patron, par exemple.

Vous passerez ensuite à la seconde scène. Imaginez l'entretien d'embauche. Cette rencontre peut se vivre de façons très variées.

Vous pouvez vous imaginer rencontrant le patron de l'entreprise au cours d'une réunion informelle, hors du cadre de l'entreprise, dans un cocktail, au cours d'un déjeuner d'affaires organisé par votre relation commune.

Au contraire, cette scène peut se dérouler dans les locaux de l'entreprise, en présence du responsable des relations humaines.

Quoi qu'il en soit, efforcez-vous de reconstituer le plus clairement et le plus minutieusement possible les détails de cette entrevue. Voyez votre interlocuteur affable, souriant, aimable, bien disposé à votre égard. L'attention soutenue qu'il vous accorde prouve son intérêt pour votre candidature. Dans ces conditions, vous ne pouvez pas échouer, d'autant plus que vous vous présentez sous votre meilleur jour.

Voyez-vous et entendez-vous convaincre votre interlocuteur. Imaginez les répliques d'un véritable dialogue. Comportez-vous comme si vous étiez en train d'écrire la « continuité dialoguée » d'un film. En réalité, vous êtes semblable à un scénariste écrivant scène après scène. Construisez votre visualisation à la façon d'un véritable film. Vous commencez par donner quelques indications scéniques, histoire de planter le décor, vous décrivez les personnages en présence.

Dans un second temps, vous découpez l'action en séquences et chacune d'entre elles comporte cette fameuse continuité dialoguée, laquelle fait évoluer l'action, la fait rebondir et ce, en fonction de la seule volonté du scénariste.

Rien, par conséquent, ne s'oppose à ce que votre « film » s'achève sur un « happy end ». Vous êtes parfaitement libre de conclure sur un dénouement heureux ! Car en somme, il nous faut bien l'avouer, nous aimons tous les histoires qui finissent bien !

Par conséquent, la dernière séquence de votre « film », l'épilogue, sera consacrée à la concrétisation de votre entretien. Voyez la lettre vous annonçant votre embauche. Si vous le préférez, vous pouvez entendre votre employeur vous annoncer cette bonne nouvelle ou encore vous voir en train de signer votre contrat de travail...

Vous conclurez votre séance de visualisation tel que cela vous a été recommandé, en laissant s'évanouir vos images, en ne vous accrochant pas à vos désirs.

Remarques: Toutes les situations évoquées et guidées faisant l'objet de ce chapitre gagneront à être renforcées par l'utilisation d'affirmations appropriées. Ces affirmations peuvent être glissées au sein du dialogue, en faire partie intégrante ; au contraire vous pouvez les utiliser à la fin de chaque plan, de chaque séquence. N'oubliez pas non plus de « charger » vos images en les auréolant d'une abondante lumière.

Expériences guidées
Visualisation et obtention de biens matériels

Expérience:
l'abondance matérielle:
(Visualisation générale)

— Méthode:
- Relaxation;
- Position à adopter;
- Préparation respiratoire;
- Crispation et détente musculaires.

La visualisation:

— Analyse de vos motifs.
— Quel est votre but?
— La force de votre désir;
— La confiance;
— L'acceptation;
— La création de la situation.

Expériences précises:

Première situation: le dépôt en banque.
Seconde situation: l'acquisition d'une habitation.
Troisième situation: la recherche d'un emploi;
le changement d'emploi.

Construisez votre séance de visualisation comme un film. Créez des plans et des séquences contenant les indications scéniques. La continuité dialoguée ou dialogue imaginé fait évoluer l'action.

Expériences guidées. Visualisation, rencontres et relations amicales ou amoureuses

Dans le chapitre précédent, nous avons établi une comparaison entre la visualisation et les techniques d'écriture d'un film. Ce rapprochement est parfaitement justifié et nous allons voir que la similitude va encore plus loin.

Toute création, de quelque nature qu'elle soit, dès lors qu'il s'agit de conter une histoire, renferme différents ingrédients destinés à capter l'attention du public, à le captiver et donc à le rendre « captif ».

Les éléments entrant dans un film et servant de moteur sont finalement peu variés: l'amitié, l'amour, la haine, la vengeance, le goût du pouvoir ou de l'argent. Pour qu'un film soit plaisant, il est nécessaire que l'action repose sur les relations qu'entretiennent les personnages et leurs relations sont générées par leurs sentiments, leurs émotions. Un film au sein duquel tous sentiments seraient exclus, nous semblerait sans doute bien fade, insipide comme un repas privé d'assaisonnement. De même, que serait notre existence sans les rapports que nous échangeons avec nos semblables ? Essayez d'imaginer ce que serait votre vie, indépendamment de toute réussite matérielle, si vous ne possédiez pas d'amis et n'aviez personne à aimer ou si vous étiez privé d'affection. Il est probable que votre paradis, même doré, ressemblerait fortement à l'enfer.

Les techniques de visualisation appliquées à l'amitié ou à l'amour ne diffèrent en rien de celles que nous utilisons lorsqu'il s'agit de se procurer l'abondance matérielle. Néanmoins, comme chaque situation rencontrée dans l'existence peut faire l'objet de scénarios variés, il n'est pas inutile que nous vous établissions une série d'expériences guidées, destinées à vous servir de canevas. Libre à vous, ensuite, de broder comme vous le voudrez.

L'homme a un besoin naturel d'affection, il a soif d'amour, a besoin d'être entouré. Quelque part, du côté de notre cœur ou de notre âme, réside un grand vide, un vide que nous aspirons tous à combler. Et comment mieux combler un vide qu'en recherchant une présence ? Qui d'entre nous n'a jamais recherché — ou n'aspirera un jour à trouver — l'âme sœur, le complément indispensable à notre équilibre ? L'expression « âme sœur » est extrêmement révélatrice. Cette aspiration résulte du souvenir inconscient que nous avons de l'androgynat originel, de cette époque où l'être humain n'était pas une créature différenciée et possédait les qualités féminine et masculine. Cette recherche de l'autre (notre moitié égarée) ne se situe pas toujours au niveau du couple.

En effet, il est bien rare que les partenaires dans un couple aient les mêmes préoccupations. Notre complémentarité peut être celui ou celle qui saura partager nos aspirations intellectuelles et spirituelles. Seuls, certains individus prédestinés sont amenés à vivre en parfaite osmose ; dans de tels cas nous nous trouvons en face du couple tantrique ou alchimique.

Qu'il s'agisse du partenaire ou de nos relations, *tous ceux qui, un jour ou l'autre, pénètrent dans notre existence, sont là parce que nous les avons attirés.* C'est dire toute l'importance des relations qui s'établissent avec les autres. Nos différences sont autant d'obstacles qu'il nous appartient de surmonter ; ces différences, d'ailleurs, ne sont pas forcément des sources de discorde, elles peuvent parfaitement être des facteurs d'enrichissement mutuel. Nombreuses, variées et intenses sont les émotions, les impressions, les sensations qui circulent entre les êtres humains. Toutes les relations qui s'établissent sont constituées de formes-pensées et nous y sommes particulièrement réceptifs et sensibles. Nos rapports avec ceux qui croisent notre route, dépendent de ces formes-pensées. Le fameux « coup de foudre » illustre parfaitement ce concept. Il en est de ce domaine comme de tous ceux abordés dans le cadre de ce livre. Nous obtenons uniquement ce que nous semons et savons entretenir. Les rapports que nous cultivons avec autrui sont les fruits de nos désirs.

En temps normal, ces désirs sont inconscients et ceci explique le caractère parfois peu satisfaisant de nos relations. Remédier à une telle situation repose sur une solide introspection. Les causes de nos échecs, comme de nos réussites, sont toujours à rechercher en nous-mêmes.

Lorsque tel est le cas, il convient de déterminer pourquoi nous refusons de vivre des relations harmonieuses. Que peut bien nous apporter une situation déplaisante ? Cela varie d'un individu à l'autre, d'une situation à l'autre, mais en fait, les événements « négatifs » sont nécessaires à notre évolution, à notre progression, tout comme ceux qui nous semblent « positifs ». Fréquemment d'ailleurs, un événement déplaisant débouche sur quelque chose de satisfaisant.

Nos actes, quels qu'ils soient, trouvent toujours leur justification, ils sont des émanations de notre seule volonté — souvent inconsciente —. Partant de cette constatation, nous sommes responsables de l'échec comme de la réussite. Nous attirons les événements de notre vie au même titre que les gens amenés à partager notre existence.

La vie est faite de choix... une succession de choix. Tout se passe comme si nous étions libres de choisir n'importe quoi! Nous sommes libres de choisir le malheur et nous sommes libres de lui préférer le bonheur. Notre existence se présente comme une succession de routes et de carrefours. Il nous appartient de choisir la direction que nous souhaitons suivre.

Nous avons toute liberté d'explorer un futur possible plutôt qu'un autre.

A moins d'être un incorrigible masochiste — ce qui est loin d'être une généralité — personne n'est véritablement désireux de connaître la déception, la jalousie, les craintes, les larmes ou même la haine. En résumé, personne ne souhaite être malheureux. Nous aspirons tous à vivre des relations satisfaisantes et heureuses.

Si vous possédez des aptitudes et surtout le goût du bonheur, si vous êtes prêt à l'accepter, alors vous avez déjà les moyens de vous construire une existence basée sur des relations enrichissantes, génératrices d'harmonie et de joie. Il ne vous manque plus que de connaître quelques rudiments de technique et nous allons vous les enseigner à l'aide de situations simulées.

Les relations amoureuses

La rencontre de l'âme sœur

Dans cette situation, vous aspirez à rencontrer votre partenaire futur, la personne qui vous correspond et que vous ne connaissez pas encore. En cela, vous êtes semblable à un peintre devant sa toile encore vierge ou à Pygmalion aspirant à aimer. Ce mythe offre une grande ressemblance avec notre exemple. Pygmalion, roi légendaire de Chypre, était épris d'Aphrodite (Vénus) et, ne pouvant se faire aimer de la déesse, il sculpta une statue en ivoire à son effigie. Aphrodite anima la statue qui devint Galatée.

Nous sommes tous amoureux d'Aphrodite, en ce sens que nous nous faisons une idée assez précise de celui ou de celle avec qui nous voudrions faire un bout de route ou accomplir tout le trajet. Aphrodite symbolise l'image que nous nous faisons de l'Amour. Seulement, comme vous n'avez peut-être pas de dons pour la sculpture, nous vous conseillons d'utiliser la bonne vieille méthode des formes-pensées.

Une fois votre « création mentale » construite, vous parviendrez aisément à l'animer, c'est-à-dire à l'attirer dans votre existence.

Votre visualisation: création du portrait

Vous commencerez votre séance comme d'habitude par la phase préparatoire, en vous relaxant.

Vous passerez ensuite à la phase de réflexion.

Imaginez votre partenaire. Vous devez vous en faire une idée complète, autrement dit sur tous les plans, tant physique que culturel, émotionnel et spirituel. Au besoin dressez une liste de vos aspirations. La description que vous ferez de votre futur (e) partenaire doit tendre le plus possible vers votre idéal.

Procédez par petites touches, méthodiquement, ajoutant détail après détail, rectifiant certains traits du physique ou du caractère. Eventuellement, n'hésitez pas à souhaiter trouver chez ce partenaire de rêve quelques défauts, de légères faiblesses. Car n'oubliez pas que vous souhaitez attirer dans votre vie un être constitué de chair et de sang et non une froide statue. Or en amour, on plaît plutôt par d'agréables défauts que par des qualités essentielles. De tels défauts pimentent l'existence et la perfection peut se révéler, dans ce domaine particulier, à la longue, relativement ennuyeuse.

Cependant, tout dépend du tempérament de chacun ; certains préféreront une passion tempérée alors que d'autres marqueront une prédilection pour l'amour fou. A vous de définir où vont vos préférences.

Nous vous conseillons, durant une semaine ou deux de vous contenter de travailler sur ce portrait, de vous familiariser avec celui ou celle qui entrera dans votre existence.

Ce délai étant écoulé, vous pourrez passer à la phase active proprement dite : visualiser.

La visualisation pratique

Aussi fréquemment que vous le souhaiterez, une ou plusieurs fois par jour, efforcez-vous de créer l'image mentale de celui ou de celle dont, pour l'instant, vous n'avez fait que rêver. Dès que vous serez parvenu à capter son image, projetez-vous dans la scène. Imaginez votre rencontre. Vous pouvez faire connaissance dans les transports, sur le lieu de votre travail, dans une boîte de nuit, dans un musée, lors d'un cocktail, d'un dîner chez des amis...

Les possibilités sont illimitées et il vous appartient de planter le décor à l'endroit qui vous convient. Vous êtes absolument libre d'écrire la suite du scénario comme vous le désirez. Vous pouvez tourner vos séquences en extérieur-jour, en extérieur-nuit, en intérieur-jour ou en intérieur-nuit, en studio ou en décors naturels.

Vous êtes le metteur en scène de votre film.

Un film qui ne comprendrait qu'une séquence ne serait pas un film, pas même un court métrage ; aussi n'hésitez pas à créer une suite à votre prologue, enchaînez sur les séquences suivantes, vivez les prolongements de cette entrée en relations (à moins bien sûr de vouloir écrire un *remake* de *Brève Rencontre !*)

Veillez à la qualité de l'éclairage, n'oubliez pas d'utiliser la lumière des sunlights. Amusez-vous avec votre partenaire, sortez, voyagez, bref, soyez heureux... et si le scénario vous convient tel que vous l'avez écrit et mis en scène, concluez.

Séq. 100. *Intérieur nuit* (ou *jour*, selon vos préférences) *La chambre à coucher.* Travelling sur le lit...

Notre travail cesse ici, car nous n'entendons pas nous immiscer dans l'intimité de vos phantasmes...

□

Séduire l'être aimé

Contrairement à la situation précédente, dans le cas présent vous avez déjà rencontré celui (ou celle) que vous souhaiteriez fréquenter et peut-être épouser. Toutefois, votre « histoire d'amour » n'appartient pas encore au domaine du vécu. Vous pouvez même avoir le sentiment qu'il s'agit d'une impossibilité, que l'objet de votre amour n'éprouve aucune attirance pour vous et qu'il ne vous voit pas.

Vous avez déjà tenté tout ce qui est humainement possible, ce qui revient à dire que vous avez usé de toute la gamme du jeu de la séduction et ce, sans obtenir le moindre encouragement. Vos tentatives de sortir avec la personne aimée se sont soldées par des échecs plus ou moins marqués. Il vous a été opposé un refus poli ou, plus péremptoirement, une « fin de non-recevoir ». Vous souffrez et comme vous êtes malheureux, vous désespérez.

Or, selon la formule célèbre : « Il n'existe pas de situations qui soient désespérées, uniquement des gens qui désespèrent. »

Les mécanismes qui régissent l'attirance sont parmi les plus mystérieux de la création ; ils sont inexplicables par les seules hypothèses et théories scientifiques actuelles. Compte tenu de la structure de l'Univers, il apparaît certain que ce type d'échange est régi par des ondes, comparables à celles utilisées en matière de radio-électricité. D'ailleurs, le langage populaire a conservé cette connaissance intuitive dans la locution indiquant que deux personnes s'entendent, en disant qu'elles sont « sur la même longueur d'ondes ».

Nos inventions technologiques visant à

communiquer sont toutes fondées sur ce principe: *l'émetteur et le récepteur doivent être réglés sur une longueur d'ondes identique.*

Lorsque l'émetteur et le récepteur sont ainsi réglés, il se crée un *accord*, les deux appareils étant en résonance.

Dans le cadre de notre étude, vous allez jouer le rôle de l'appareil émetteur et adresser à l'objet de votre passion des ondes d'amour — ce qui est beaucoup plus romantique que des ondes hertziennes.

Vous pourriez objecter qu'émettre ne sert à rien lorsqu'un récepteur demeure obstinément débranché ou éteint. Cette remarque, si elle peut se justifier dans le domaine restreint de la radiocommunication, ne saurait s'appliquer à notre situation.

L'homme dispose d'un cerveau, à la fois émetteur et récepteur qui possède l'avantage de ne jamais être débranché. Même en période de sommeil, nos fonctions cérébrales sont en activité, elles opèrent sur un mode différent, en état de veille. Par conséquent ne vous inquiétez pas, vous serez reçu cinq sur cinq!

Votre visualisation

Vous commencez par vous détendre.

La phase de réflexion nécessitera une certaine honnêteté intellectuelle de votre part et consistera en une analyse de vos préjugés et de vos motivations profondes. Il est essentiel de savoir si « cette personne » correspond à ce que vous attendez de votre partenaire.

Désirez-vous réellement vivre une relation avec elle? Souhaitez-vous son bonheur? Ou au contraire êtes-vous motivé par un quelconque esprit de conquête?

Déterminez également quels sont les empêchements éventuels, du moins ceux que vous considérez comme tels, pouvant faire obstacle à votre désir. Evitez de vous enfermer dans une attitude critique. Songez que nous avons tous des défauts et des faiblesses ; il est nuisible d'accorder trop d'importance à ces points négatifs.

Aucun de nous n'est parfait et, par conséquent, il serait déloyal et peu honnête de rechercher chez « l'autre » la perfection absolue. Souvenez-vous que le monde n'est ni noir ni blanc ; aussi oubliez ce schéma quelque peu manichéen de l'Univers.

Efforcez-vous plutôt de déterminer quelles sont les qualités que vous appréciez chez la personne en question. Sont-ce ses seuls attributs physiques ? Etes-vous sensible à ses qualités morales ? Sa gentillesse, sa parfaite intégrité, son intelligence, sa franchise et jusqu'à son sourire, peuvent être des facteurs ayant suscité votre amour. Evitez d'idéaliser la personne de vos pensées. Restez lucide.

Si, à l'issue de cet examen de vos motivations, vous éprouvez toujours la même attirance, vous pourrez poursuivre.

La visualisation pratique

Les premiers temps — une semaine ou deux — seront consacrés à un exercice simple d'une grande efficacité. Il s'agit d'un travail d'approche.

Pratiquez de préférence le soir, avant de vous endormir. Détendez-vous. Une fois parvenu au stade idéal de relaxation, commencez à visualiser l'image de celui (ou celle) qui occupe vos pensées. Efforcez-vous de voir cette personne aussi distinctement que possible. Observez sa silhouette, les lignes de son visage, ses expressions. Votre mémoire, si vous êtes aussi amoureux que vous le prétendez, ne manquera pas de vous restituer ces détails fidèlement. Voyez de quelle manière il (elle) est vêtu(e).

Voir l'être aimé au sein du cadre habituel, en un lieu vous étant familier, offre de multiples avantages, ne serait-ce que celui facilitant la restitution mentale du décor, un décor qui, vous étant connu, exigera peu d'efforts pour être parfaitement vu.

Dès que vous voyez votre sujet évoluer, inondez-le de lumière. Projetez votre propre image dans le tableau ; auréolez votre image de lumière, une lumière resplendissante. En faisant usage de votre volonté, faites que l'être aimé vous regarde.

Une fois obtenu ce premier résultat, voyez son regard bienveillant se poser sur vous. On vous sourit et vous répondez à ce sourire... Stoppez votre visualisation et endormez-vous en pensant que le contact est établi...

Au bout de quelques jours de cette pratique, vous noterez peut-être déjà une évolution des relations que vous souhaitez entretenir. Il s'agira vraisemblablement d'un léger changement dans la façon qu'aura l'être cher à votre cœur de vous regarder. Il est possible également qu'il vous adresse la parole, s'efforçant de vous démontrer que vous ne lui êtes pas indifférent. Au début, il pourra s'agir d'un simple bonjour. Soyez attentif aux menues modifications de son comportement à votre égard et surtout ne brusquez rien.

Au cours de vos séances de visualisation ultérieures, vous vous efforcerez de travailler sur l'évolution de vos relations.

Pour ce faire, vous pratiquerez comme précédemment, visualisant les scènes que vous désirez connaître dans la réalité, programmant vos sorties en compagnie de « l'autre », comme vous le feriez au cours d'une relation amoureuse concrète. Amusez-vous à faire progresser cette relation graduellement. A ce stade, votre imagination demeure votre meilleur guide, par conséquent soyez à l'écoute de vos aspirations ; créez un tableau mental desdites aspirations, l'une après l'autre et jour après jour. N'oubliez pas de nourrir vos représentations mentales en les baignant de lumière et en pratiquant régulièrement la répétition d'affirmations positives.

Les relations amicales et professionnelles

Qu'il s'agisse de relations amoureuses ou de relations sociales, la manière de procéder est identique. Aussi ne nous étendrons-nous pas sur les techniques proprement dites. Ces dernières vous sont à présent suffisamment familières et il vous suffira d'adapter vos visualisations à ce cas particulier.

Dans tous les cas de figures, qu'il soit question de rapports amoureux ou de relations amicales, il vous faudra éviter de vous enfermer dans une attitude critique. Nous possédons tous des faiblesses et des défauts et il est nuisible d'accorder trop d'importance à ces points négatifs. Aucun de nous n'est parfait et par conséquent, il serait déloyal et peu honnête de rechercher chez autrui la perfection absolue. Le monde n'est ni noir ni blanc, il *est* tout simplement, aussi faut-il oublier nos schémas manichéens.

Toutefois, si vous voulez que votre partenaire parvienne à se débarrasser de ses travers (ceci étant valable pour vos amis), surtout évitez l'attitude qui consiste à critiquer systématiquement.

Adoptez plutôt la démarche inverse et n'hésitez jamais à complimenter sur les progrès accomplis. Soyez à l'écoute des autres, tout comme vous l'êtes de vous-même. La meilleure façon de changer le monde commence par le potentiel qui réside en nous de modifier notre propre comportement.

Cette modification de notre comportement repose sur la capacité que nous avons d'adopter une autre vision à l'égard des êtres et des choses qui nous entourent.

Tout processus de développement personnel exige un changement de regard.

Nous avons tous des responsabilités à exercer à l'égard du monde que nous avons reçu en héritage et envers toutes les créatures qui le peuplent. Semblables au petit héros de Saint-Exupéry, nous sommes des Petits Princes en exil sur cette terre et devons veiller à ce que ne se fane pas la fleur de l'espérance.

Expériences guidées
Visualisation, rencontres et relations amicales ou amoureuses

Les relations amoureuses.
La rencontre de l'âme sœur:
Méthode:

- Création du portrait idéal.
(Cet exercice doit se pratiquer durant une ou deux semaines à l'exclusion de tout autre.)
- Visualisation.
Utilisation de séquences. Ce travail est inspiré des techniques cinématographiques.

Séduire l'être aimé:
Généralités et phase préparatoire.
Méthode:

- Relaxation.
- Analyse et introspection.
- Visualisation.
— Eveiller l'attention de l'autre.
Ce travail préliminaire est à effectuer durant une semaine ou deux.
— Evolution des relations.
La phase préliminaire ayant été accomplie, des modifications apparaissent dans l'attitude de l'être aimé.

Dès lors, il convient d'utiliser la technique des séquences de film afin de développer les relations naissantes.

Les relations amicales et professionnelles : La technique est identique aux exemples précédents.

Techniques pour les petits et les grands enfants
Le lâcher prise

Les techniques de visualisation sont des activités ludiques et à ce titre sont parfaitement adaptées aux enfants, ces derniers étant très réceptifs à la notion de jeu. L'exercice décrit ci-après, en raison de sa simplicité, peut être accompli aisément par de jeunes enfants. Il peut également être pratiqué par des adultes, tant son efficacité est remarquable.

Visualisation de la bulle

Asseyez-vous, ou allongez-vous.
L'important est de se sentir à l'aise.
Fermez les yeux.
Respirez profondément, en vous efforçant d'éliminer toute tension intérieure.
Détendez-vous de plus en plus.
Plus vous respirez et plus votre détente s'accentue.
A présent, réfléchissez à ce que vous souhaiteriez obtenir.
Il peut s'agir d'un objet ou d'une situation que vous voudriez voir se produire.

Les yeux toujours clos, créez par la pensée une représentation mentale de l'objet choisi ou de la situation retenue.
Cette image mentale étant constituée, formez en pensée une bulle rose. Placez votre souhait à l'intérieur de cette bulle.
Le rose étant une couleur dont le symbolisme est associé à celui du cœur, si votre aspiration est en harmonie avec ce qui vous convient réellement, vous pouvez être assuré qu'elle se réalisera.
Laissez partir la bulle.
Voyez-la s'élever, flotter dans l'espace, s'envoler dans le vaste Univers, emportant votre création mentale.

Vous n'avez rien d'autre à ajouter à cet exercice.
La bulle représente votre détachement par rapport au sujet de votre visualisation. La laisser partir équivaut à ne pas vous accrocher à votre désir, à vous en libérer et, ce faisant, à favoriser la réalisation de votre souhait.

Le lâcher prise

Qu'est-ce que le « lâcher prise » ?
Il s'agit d'un grand et magnifique *secret*, sans doute le plus important qui soit. Ce secret, connu depuis la plus haute antiquité, fut caché aux hommes de par la volonté de ceux qui détenaient la « Connaissance » (philosophes ou religieux) et n'entendaient pas la partager.
En fait, le « lâcher prise » pourrait faire l'objet d'un livre entier. Les techniques de visualisation sont remarquablement efficaces, mais elles ne forment que l'écrin destiné à abriter un joyau.
Dès lors, pourquoi avoir rédigé un ouvrage

traitant de la visualisation ? Parce que les exercices de visualisation sont à la portée de chacun, ce qui n'est pas le cas du « lâcher prise ».

En revanche, celui qui a expérimenté la visualisation se trouve dans une situation propice pour aller plus loin, à transcender ses limites.

Le « lâcher prise » n'est pas une technique, au sens que nous accordons généralement à ce terme. Il s'agit plutôt d'une attitude à adopter lorsque vous doutez de tout, quand votre vie semble n'être qu'un réseau inextricable d'échecs répétés, d'insuccès et de déceptions. Toutefois, les échecs ne sont pas toujours négatifs, bien au contraire. Si nous savons tirer la leçon de nos échecs, nous progressons plus rapidement, ce qui est le but suprême de l'existence.

Victoire et défaite sont les deux faces d'une même médaille, ou si vous préférez une autre image, elles sont semblables à la paume de la main. Que votre main soit fermée ou ouverte, la paume est toujours présente. Aussi, comme l'écrivait le philosophe allemand Schopenhauer : « Tout échec est une victoire mystérieuse. »

« Lâcher prise » exige une certaine forme de courage, laquelle peut ressembler à de l'inconscience, mais surtout une confiance absolue, inébranlable.

Or, que nous acceptions de le reconnaître ou pas, l'homme est, selon la définition du penseur grec Aristote, un « animal social », un animal social craintif et apeuré, portant en lui un besoin de sécurité, serais-je tenté d'ajouter. « Lâcher prise » est incompatible avec ce sentiment sécuritaire.

Afin d'illustrer mes propos, je voudrais vous relater brièvement certains des événements qui présidèrent à la conception, puis à la réalisation de ce livre. Bien que les faits en question relèvent de ma seule expérience, je pense qu'ils vous permettront d'avoir une idée précise de ce que l'on entend par « lâcher prise ».

A cette époque, je pratiquais régulièrement la visualisation afin d'améliorer l'existence de ma famille et les résultats étaient plutôt satisfaisants. Fin 1986, je fus contraint au repos durant de longues semaines, par suite d'une agression violente dont j'avais été victime de la part d'un voisin irascible, médecin de surcroît. Ayant failli perdre l'usage d'un œil, je fis appel à l'un de mes amis guérisseur qui travaille en relations étroites avec le corps médical. Cet ami, qui dispose également de facultés de voyance extrêmement fiables, diagnostiqua une sérieuse lésion rétinienne. Il me prodigua ses soins et m'enseigna la façon de travailler moi-même à ma guérison. Les résultats furent remarquables.

En août 1987, lors d'un séjour dans le sud de la France, je fus amené à vivre une véritable expérience initiatique, laquelle me fis prendre pleinement conscience de la nature réelle de l'homme et de sa condition.

Cet épisode se déroula le lendemain même de mon arrivée en ce lieu. Pour la petite histoire, bien qu'occupant d'importantes fonctions, depuis un an environ, ma vie professionnelle s'était étrangement dégradée, sans que je comprenne réellement ce qui se passait dans mon entourage. J'étais assez découragé et surtout totalement démotivé. Je n'avais plus envie de combattre. Je me surpris à penser:
« Cosmique que ta volonté soit faite et non la mienne. »

Curieusement, je me sentis immédiatement comme pacifié, libéré, empli d'une absolue confiance, d'une totale certitude. Je ne pensais plus à mes problèmes...

De retour à Paris, ayant à peine repris mes activités, les événements se précipitèrent. Je fus licencié. Néanmoins, je décidai de ne pas céder au catastrophisme, intimement convaincu que ce nouvel incident désagréable devait avoir sa raison d'être, une raison qui m'échappait sur l'instant. Cependant, j'avais l'intime conviction que de cette situation négative allait sortir un « quelque chose » de positif, de satisfaisant.

Tout en recherchant un emploi, sans illusions à ce sujet, compte tenu de mon âge, je mis à profit le temps libre pour écrire plusieurs ouvrages. En fait, j'écrivais depuis de nombreuses années mais, faute de temps, m'étais contenté durant des années d'adresser des manuscrits par la poste... lesquels me revenaient, invariablement, accompagnés d'une lettre polie de refus.

La situation évolua rapidement. Je pris contact avec différentes maisons d'édition et, à ma grande surprise, obtins aisément d'être reçu, et donc d'exposer mes projets de vive voix. Mes interlocuteurs se montraient courtois, intéressés et prodigues de conseils. En toutes circonstances, je recevais un accueil chaleureux, à tel point que je finis par nouer des relations amicales avec plusieurs responsables de collection. Tout se passait comme si les gens que je fréquentais s'étaient trouvés attirés dans ma vie par un mystérieux phénomène d'attraction.

Depuis, mes projets se sont concrétisés par la sortie d'un premier livre et la signature de contrats avec différents éditeurs et s'il vous est donné aujourd'hui de lire cet ouvrage, vous le devez à mon licenciement.

Il est évident que ces confidences n'ont qu'une valeur d'exemple mais ceci illustre bien le fonctionnement théorique du « lâcher prise ».

D'ailleurs mon but ne serait pas atteint si j'omettais d'analyser le déroulement de ces différents événements. En prenant du recul, je compris que j'avais utilisé inconsciemment une loi précise occultée depuis l'origine de l'humanité.

Que s'était-il passé ?

Depuis vingt-quatre ans j'exerçais une activité que je n'avais aucunement souhaitée. Durant tout ce temps, je ne rêvais que d'écrire, d'apprendre et de partager le fruit de mes découvertes. Stupidement, j'avais perdu des années entières à me battre pour augmenter mon niveau de vie au sein d'une profession qui ne me convenait pas. Mon existence avait changé bénéfiquement dès l'instant où j'avais accepté de m'en remettre à une volonté supérieure, dès que je m'étais abandonné, confiant, à l'infinie sagesse de cette « Intelligence universelle » que les hommes ont voilée sous de nombreux vocables.

Ce récit est un véritable abrégé des notions qui vous ont été confiées au fil des précédents chapitres.

Se dégagent les grandes lignes suivantes :

- Le hasard n'existe pas. Notre existence ressemble fortement à la trame d'un canevas, laquelle montre un enchevêtrement de fils en tissant le dessin. Nous ne pouvons en comprendre la profonde signification qu'en découvrant le résultat final, l'œuvre achevée.
- Tout événement négatif possède en lui, comme à l'état latent, une potentialité à se transformer en un événement positif.
- La confiance est la pierre de touche de toute réussite.
- Tous les gens et toutes les choses qui traversent notre vie sont là parce que nous les y avons attirés.

— L'être humain n'est pas uniquement une créature constituée de chair et de sang, il est habité par un « pouvoir », une entité subtile et parfaite dont les possibilités d'action sont illimitées.
— Les techniques de visualisation peuvent certes nous aider à modifier et à améliorer notre existence, mais elles sont plus que cela ; elles constituent un véritable *mode de vie*, un moyen susceptible de nous mener à la réalisation véritable.
— Le but ultime à atteindre consiste à ne plus éprouver la moindre crainte, à ne plus lutter contre les événements, car nous n'avons que peu de prise sur eux.

Lorsque nous nous débattons, nous sommes semblables à des nageurs s'efforçant d'aller à contre-courant, alors qu'il serait tellement simple de se laisser porter.

A présent, vous êtes en mesure d'utiliser de manière parfaitement efficace les techniques de visualisation. Celles-ci peuvent également être associées à des procédés thérapeutiques, en en renforçant l'action. Les différentes méthodes exposées plus loin vous permettront de favoriser et d'accélérer le processus de guérison, qu'il s'agisse de vous-même ou d'une autre personne.

Ces méthodes ne sont pas destinées à remplacer un traitement médical, elles représentent un complément utile.

Techniques pour les petits et grands enfants
Le lâcher prise

Visualisation de la bulle:

- Cet exercice d'un caractère ludique convient particulièrement aux jeunes enfants.
Il consiste à créer une bulle mentale puis à y enfermer son désir.
Ensuite, il suffit de laisser la bulle et son contenu s'élever et voguer dans l'espace.

Le lâcher prise:

- Le lâcher prise est un *mode de vie*.
- Exemple (récit autobiographique)
- Lâcher prise revient à se laisser porter par le courant, à s'abandonner totalement, à accorder une confiance illimitée à l'infinie sagesse de l'Intelligence universelle.

- Résumé des notions et lois confiées au sein des chapitres précédents.

Visualisation et santé

« Au sein de chacun de nous se trouve le pouvoir de consentir à la santé et à la maladie. »

Enseignement de Shimoda.

Visualisation et magnétisme

« Qui veut voyager loin ménage sa monture ! »

Ce dicton prend toute sa signification dès qu'il s'applique à notre état de santé. Un corps déficient est un sérieux handicap dans la course au bonheur. Si vous souffrez dans votre chair, la richesse, l'amour et tous les bienfaits de l'univers ressembleront à un plat rendu fade et insipide faute de sel. Bien sûr, vous pouvez et devez avoir recours à des médicaments, à un régime ou à toute autre thérapeutique si cela est nécessaire. Or tout ce qui se traduit par des contraintes restreint notre capacité à être heureux. Dans son infinie sagesse, la nature nous a dotés de la possibilité de vaincre la maladie par la force de la volonté.

Affirmer que la maladie est un état anormal est un truisme et pourtant rien n'est plus exact. Chacun sait que la douleur est un signal d'alarme ; il en est de même de la maladie. Les affections dont nous souffrons sont toujours la conséquence de nos actes et le signe que nous avons enfreint les lois de la nature. Elles sont des manifestations de nos erreurs de comportement et d'hygiène de vie.

La concentration, la méditation et la visualisation sont d'excellents moyens de prévenir une détérioration de notre état de santé. Il existe toutefois une méthode complémentaire, qui n'a pas été mentionnée jusqu'ici, permettant de prévenir mais également de guérir.

Il s'agit du magnétisme. Contrairement à une idée fausse, chacun de nous possède la faculté de magnétiser. Il ne s'agit aucunement d'un don spécial qui serait l'apanage d'une quelconque élite. Certains d'entre nous possèdent plus d'énergie que les autres, ce n'est pas pour autant qu'il faille croire que la thérapeutique magnétique soit élitiste.

En effet, le magnétisme n'est pas uniquement un acte qui consiste à soulager ou à guérir par l'imposition des mains. Parmi les professionnels qui exercent cet art, il existe trois catégories de praticiens :

— ceux qui travaillent à partir de leur seule énergie ;
— les magnétiseurs œuvrant sur le plan astral ;
— les magnétiseurs spirituels, les plus rares et les plus efficaces, qui exercent au niveau de ce qu'il est convenu d'appeler le « monde divin ».

Les éléments de base qui vont vous être maintenant présentés vous permettront déjà d'obtenir d'excellents résultats. Vos premières réussites en la matière seront très stimulantes et renforceront votre confiance. Vous ne pourrez plus douter de l'existence des merveilleux pouvoirs que recèlent l'univers et votre esprit. Un rapide historique s'impose.

Historique

Le magnétisme était déjà connu et pratiqué en ancienne Égypte comme en atteste la statuaire de l'époque. En Europe, cette technique fut réellement vulgarisée au XVIIIe siècle par Mesmer, lequel en avait retrouvé les principes en travaillant sur les propriétés de l'aimant. En France, à la fin du XIXe siècle, la vogue du magnétisme fut grande et associée à celle connue par l'hypnotisme. Les travaux effectués par le professeur Charcot et son équipe de la Salpêtrière ne parvinrent pas à convaincre le corps médical. Les expérimentations menées sur des malades nerveux firent un certain tapage publicitaire qui, malheureusement, acheva de jeter le discrédit sur une science qui ne méritait pas une telle indignité. Bien que relégué dans le placard réservé aux sciences dites « occultes », le magnétisme continua cependant d'être étudié par des chercheurs éclairés et curieux. Paradoxalement, ce furent ces derniers qui firent œuvre de pensée scientifique. « La Science » prétend ne retenir que les faits établis scientifiquement, c'est-à-dire reproductibles à volonté. Dans la dernière partie de cet ouvrage, j'aurai l'occasion de donner des exemples où la science officielle sut bien se passer de cette fameuse notion de reproductibilité. Dans certains cas très célèbres, il y eut même carrément imposture. Actuellement, les laboratoires américains et russes s'intéressent de très près au « psitron » et à la « bio-énergie ». Ces deux néologismes recouvrent en fait la même chose : l'énergie cosmique, cette énergie subtile, à l'origine de toute vie, l'énergie que vous utilisez en magnétisant et en visualisant. Au cours des âges, cette énergie porta des noms variés ; cette multitude de dénominations n'avait qu'un but : la voiler au regard du profane.

Conserver le secret, tel était le mot d'ordre commun aux systèmes religieux, philosophiques et scientifiques. Ceci explique que la religion soit tout aussi réfractaire à l'utilisation du magnétisme que la science. Pour la science « le fluide » n'existe pas. Pour la religion, les magnétiseurs sont inspirés par Satan — dont on se demande bien ce qu'il vient faire dans cette histoire ! Concernant l'Eglise catholique, une telle réaction est pour le moins curieuse. Car si l'on en croit les Saintes Ecritures, fondement de ladite religion, Jésus fréquenta la communauté des Esséniens, or cette appellation désignait des Thérapeutes. Il est probable que le jeune Jésus fut initié à leur contact à l'art de guérir. D'ailleurs les Evangiles précisent qu'il soignait en imposant les mains. Magnétiser consiste justement, en partie, à imposer les mains. Cet enseignement, le Christ le dispensa à ses disciples et nous en trouvons la trace dans son injonction aux apôtres « d'aller et de guérir en son nom ».

Certains des Evangiles apocryphes — non reconnus par l'Eglise —, plus anciens que les Evangiles canoniques, vont encore plus loin, tel celui connu sous le nom d'« Évangile de Marie » (Marie-Madeleine). On peut y lire qu'une vive querelle opposa Marie-Madeleine aux apôtres, plus particulièrement à Pierre, ces derniers lui reprochant d'avoir reçu un enseignement secret du Maître. Marie-Madeleine ne nie pas le fait et précise même : « avoir connaissance des secrets du Noûs ». Elle propose de partager ce secret avec eux. Or ce Noûs, chez les Égyptiens et les Grecs représentait l'Esprit universel...

Réflexions sur l'alimentation

La diététique ou art de s'alimenter connaît son heure de gloire, encore faudrait-il ne pas se leurrer sur ses possibilités, car en ceci comme en toutes choses, les excès et le fanatisme sont à éviter. Signe des temps, la diététique est érigée en panacée. Elle est la réponse des sociétés industrialisées à outrance aux consommateurs que nous sommes tous. En fait, l'industrialisation responsable de la dégradation de la qualité des denrées alimentaires, loin de reconnaître ses errements, culpabilise sa clientèle. Vous êtes malades, vous prenez trop de poids, vous souffrez de troubles et de malaises divers, la faute vous en incombe... Vous mangez mal et trop !

Il n'est pas question pour elle d'incriminer les colorants et autres produits de synthèse, les engrais chimiques, les pesticides, les hormones et autres petites « gâteries » destinées à accélérer la production, à satisfaire l'œil et non l'organisme. Partagés entre notre défiance à l'égard de ces aliments suspects et le besoin de les absorber, nous créons des tensions et des conflits intérieurs qui finissent par provoquer les effets redoutés : la maladie et l'obésité. Nul n'ignore de nos jours que les maladies psychosomatiques et les maux strictement physiques sont en étroite relation. Nous avons vu en étudiant les techniques de visualisation que les images mentales peuvent passer dans la conscience objective, devenir réalité. Il en est de même de l'état de santé qui est le nôtre. *Ce que nous redoutons arrive.*

Manger est un acte extraordinaire si vous songez à l'étonnant mécanisme de transformation des différentes formes et énergies de l'univers en énergie physique. Il s'agit d'une véritable transmutation, au sens alchimique du terme. Malheureusement, pressés par le temps, nous n'accordons pas le soin nécessaire à cet acte quotidien qui devrait être accompli consciemment, lentement, avec toute l'attention que l'on prête à un rituel. Il est vrai que prendre le temps n'est pas chose facile dans un monde dont les activités semblent réglées sur le rythme d'un chronomètre. Aussi est-il impératif de pallier cet inconvénient à l'aide de procédés simples et astucieux.

Utilisez les procédés décrits ci-après et vous constaterez que les résultats se feront sentir et voir rapidement.

Contrairement à ce que répandent les marchands d'alimentation équilibrée, l'important n'est pas tant ce que vous consommez que la façon de le faire. La nature nous indique la voie à suivre, comme en toutes circonstances. Lorsqu'un plat vous plaît, vous en avez l'eau à la bouche, vous salivez. Les aliments qui provoquent cette réaction de votre organisme ne sont en aucun cas ceux dont vous devez vous défier. *Ce que vous mangez avec plaisir est bon pour votre organisme.* Attention cependant, cette remarque n'est pas une invitation à la gloutonnerie. Il ne saurait être question de tomber dans la démesure.

Comme vous le savez sans doute, le corps humain est composé en majeure partie de liquide et il a besoin de beaucoup d'eau. Par conséquent, veillez à en boire aussi souvent que possible dans le courant de la journée. La quantité de liquide nécessaire varie d'un individu à l'autre et se forcer à boire plusieurs litres d'eau par jour peut être nuisible en agissant sur les reins. Buvez à votre mesure. Il n'entre pas dans notre dessein de vous soumettre au « supplice de l'entonnoir », en vigueur jadis. Une excellente habitude consiste à boire un grand verre d'eau fraîche, le matin au réveil et le soir avant de se coucher.

Ces quelques conseils, s'ils sont suivis régulièrement, ont le pouvoir de régénérer votre organisme. Toutefois, vous obtiendrez des résultats plus rapides et durables en y adjoignant le magnétisme, la visualisation et les affirmations.

Comment magnétiser un verre d'eau

Il faut savoir que le magnétisme se dégage par la face palmaire de la main et trois doigts seulement : le pouce, l'index et le majeur.

Placez le verre sur le plexus solaire en le tenant avec les trois doigts précités de chaque main. Vos doigts doivent encercler le verre.

Fermez les yeux et visualisez l'énergie sous l'aspect d'une lumière très brillante, de couleur blanche.

Voyez cette énergie circulant dans vos bras, descendant dans vos mains et auréolant le verre.

Pensez que vous transformez l'eau contenue par le verre en un élixir de vie.

Tout en effectuant ces deux actions, respirez sur le mode suivant :

- Inspirez par le nez ; votre inspiration doit être profonde, venir du bas-ventre. Par conséquent, lors de cette inspiration, votre ventre doit être gonflé.
- Retenez l'air inspiré quelques secondes (15 à 20 secondes).
- Expirez à fond, en creusant le ventre.
- Recommencez ce processus respiratoire autant de fois qu'il vous plaira.

Cinq minutes suffisent amplement à magnétiser un verre d'eau.

L'eau ainsi traitée peut être bue ou utilisée en applications externes et locales. Quelques gouttes versées dans les oreilles sont souveraines contre les bourdonnements et autres maux désagréables. L'eau magnétisée possède un goût piquant et acidulé, une saveur chargée de fer. Plus ce goût sera prononcé et mieux cela sera.

Comment magnétiser les aliments

Assis face à votre nourriture, fermez les yeux et détendez-vous.
Adressez vos remerciements à l'Univers pour ces aliments.
Mettez vos mains au-dessus de votre assiette, paumes tournées face à la nourriture.
Respirez comme indiqué lors de l'expérience concernant le verre d'eau.
Dites-vous mentalement que cette nourriture est transformée en énergie vitale.
Dites-vous que votre organisme assimile tout ce dont il a besoin et élimine aisément le reste, tout ce qui lui est inutile.
Concentrez-vous uniquement sur ces affirmations.
Ne pensez pas à tout ce que vous avez pu entendre ou lire au sujet de la mauvaise qualité des aliments.
Efforcez-vous de manger lentement.
Une fois terminé, accordez-vous quelques secondes afin d'apprécier le plaisir que ressent votre corps.

Ces petites expériences sont aisées à réaliser, elles vous prendront peu de temps et les quelques secondes consacrées à les accomplir seront largement compensées par l'amélioration de votre état général.

Vous vous sentirez revitalisé en quelques

jours, empli d'une énergie que vous ne soupçonniez pas en vous.

Tout au long des chapitres précédents nous avons beaucoup insisté sur la nécessité de vivre en parfaite harmonie avec l'Univers ; les aliments appartiennent à l'Univers, aussi convient-il de communiquer avec la nourriture. Communiquer ne signifie nullement parler, aussi contentez-vous d'un échange mental. Au demeurant, imaginez-vous au restaurant, dialoguant avec votre steak pommes-frites ou votre sole normande, cela ferait curieux et risquerait fort de ne pas être compris de votre entourage...

Outre une bonne alimentation, votre santé dépend du bon fonctionnement des centres laissant filtrer l'énergie.

Nous allons apprendre à développer ces centres.

Visualisation et magnétisme

Le magnétisme:

Un secret connu depuis la plus haute antiquité.

Historique:

Réflexions sur l'alimentation:

- Tout aliment nous faisant saliver est bon pour l'organisme.
- L'eau est un élément indispensable à notre corps.

Comment magnétiser un verre d'eau:

- Placer le verre d'eau sur le plexus solaire, les trois premiers doigts de chaque mains l'enserrant.
- Visualiser l'énergie circulant dans les bras et se dégageant par les doigts.
- Pratiquer la respiration avec rétention d'air durant 15 à 20 secondes.
- Durée: 5 minutes (maximum)

Comment magnétiser les aliments:

- Placer les mains au-dessus des aliments, face palmaire tournée vers la nourriture.
- Pratiquer la respiration avec rétention d'air (comme indiqué ci-dessus)
- Utiliser les affirmations en pensant que cette nourriture est transformée en énergie vitale et que l'organisme assimile uniquement ce dont il a besoin.

Développement des centres d'énergie

Depuis la vulgarisation en Occident des techniques d'acupuncture, le public sait — du moins en majeure partie — que le corps humain possède des centres énergétiques situés sur ce que l'on nomme des méridiens. Lesdits centres peuvent être développés et contribuent à purifier et guérir le corps lorsque ce dernier est affaibli ou atteint. Ces centres énergétiques ne doivent pas être confondus avec les différents plexus désignés dans la tradition indienne sous le nom de chakras. Au demeurant, il serait totalement impossible de vous en enseigner le développement en un seul chapitre.

Développer ces chakras exige de patients efforts et surtout une précision extrême de celui qui vous enseigne à le faire. Les exercices à pratiquer sont souvent complexes, peu adaptés à la mentalité européenne et surtout peuvent, s'ils sont effectués à la légère, engendrer des troubles graves.

Cette mise en garde était nécessaire.

La distinction étant établie entre chakras et centres énergétiques, nous allons pouvoir poursuivre. La méthode qui va vous être enseignée est relativement simple et donne d'excellents résultats. De plus elle est totalement inoffensive et ne présente *aucun danger*.

Au cours de cet exercice, vous allez utiliser des méthodes combinées :

— la respiration ;
— la visualisation de la lumière
— et la représentation mentale de boules lumineuses.

Premier exercice

Allongez-vous confortablement sur le dos.
Vous reposez détendu, les bras le long du corps ou si l'attitude vous convient mieux, les mains croisées sur le ventre.
Respirez doucement, mais profondément.
Imaginez un halo de lumière dorée autour de votre tête.
Une fois ce halo formé, maintenez-le présent en usant de votre volonté.
Tout en concentrant votre attention sur cette auréole de lumière, inspirez et expirez quatre ou cinq fois.
Reportez votre attention au niveau de votre gorge.
Voyez une boule lumineuse reposant sur votre gorge.
Sentez sa chaleur bienfaisante.
Admirez sa belle couleur ambrée.
Inspirez et expirez quatre à cinq fois.
Continuez à visualiser cette sphère lumineuse.
Elle amorce sa descente, en roulant sur elle-même.
Elle s'arrête au centre de votre poitrine.

Inspirez et expirez comme indiqué ci-dessus.
Vous sentez la chaleur se diffuser de plus en plus dans votre corps.
La sphère lumineuse descend au niveau de votre plexus solaire.
Inspirez et expirez de nouveau.
A présent, la sphère lumineuse se trouve au-dessus de votre bassin.
Vous pouvez sentir sa douce chaleur se répandre à l'intérieur.
Inspirez et expirez comme précédemment.
Enfin imaginez la sphère lumineuse descendue au niveau de vos pieds qu'elle baigne d'une belle lumière dorée.
Cette lumière se diffuse, entraînant toutes les impuretés de votre organisme.
Inspirez et expirez (quatre ou cinq fois).
Adoptez une respiration normale.

Second exercice

Reposez-vous durant quelques instants avant d'enchaîner avec le second exercice.
Visualisez six sphères luminescentes, empilées les unes au-dessus des autres. Elles scintillent de mille feux au sommet de votre tête.
Respirez à fond puis expirez.
Inspirez.
Expirez. L'énergie descend le long du côté gauche de votre corps, elle descend du sommet de votre tête et se répand jusqu'aux pieds.
Inspirez. L'énergie remonte le long de votre côté droit, circulant des pieds au sommet de votre tête.
Renouvelez cet exercice deux autres fois, en faisant descendre les boules lumineuses le long

de votre côté gauche puis remonter le long de votre côté droit.

Au cours d'une seconde phase, vous allez utiliser le même processus que précédemment à une variante près.
Visualisez les boules lumineuses descendant du sommet de votre tête en direction des pieds mais cette fois sur le devant du corps. Au cours de cette descente de l'énergie vous expirerez lentement.
Ensuite vous inspirerez en sentant l'énergie remonter le long de votre dos.
Cette opération de descente et de remontée de l'énergie doit être accomplie également trois fois.

Visualisez vos six sphères lumineuses, empilées les unes au-dessus des autres, au sommet de votre tête.
Voyez ces boules descendre lentement devant votre visage.
Expirez paisiblement tandis que les boules lumineuses continuent de descendre sur le devant de votre corps.
Elles atteignent vos pieds.
Inspirez et sentez leur énergie remonter le long de votre dos.
Renouvelez l'exercice deux autres fois.

Pour finir

Visualisez toute l'énergie accumulée à vos pieds, sous forme d'une lumière intense.
Suivez sa lente remontée au centre de votre corps.
A présent, elle rayonne au sommet de votre tête.
Visualisez l'énergie sous la forme d'une fontaine lumineuse dont les flots jaillissent et redescendent en cascade par les côtés extérieurs de votre corps.
Vous pouvez recommencer cet exercice plusieurs fois si vous le souhaitez.

La technique faisant l'objet du présent chapitre est extrêmement tonifiante pour l'organisme. Outre qu'elle sera bénéfique pour votre santé en augmentant votre vitalité, elle vous permettra d'aborder les méthodes de guérison, enseignées ci-après, avec un maximum d'efficacité.

Développement des centres d'énergie

Exercice de la boule lumineuse :

- Visualiser une boule de lumière au niveau de la gorge.
- Faire descendre cette boule progressivement, en inspirant et en expirant (4 à 5 fois) à chaque étape.
- Lorsqu'elle atteint vos pieds, voyez sa lumière se diffuser et entraîner toutes les impuretés de votre organisme.

Exercice des six boules lumineuses :
Première phase :

- Visualisez six boules lumineuses, empilées les unes au-dessus des autres, au sommet de votre tête.
- Expirez. Les six boules descendent le long du côté gauche de votre corps, du sommet de la tête aux pieds.
- Inspirez. Les six boules remontent le long de votre côté droit, circulant des pieds au sommet de votre tête.
- Renouvelez cet exercice deux autres fois.

Seconde phase:

- Les boules lumineuses descendent du sommet de votre tête à vos pieds sur le devant de votre corps (Expirez.)
- Elles remontent le long de votre dos (Inspirez.)
- Cette seconde phase doit être renouvelée deux autres fois.

Conclusion:

- Visualisez toute l'énergie accumulée à vos pieds.
- Suivez sa remontée jusqu'au sommet de la tête où elle se transforme en fontaine.

Procédés d'autoguérison

Au cours de ce chapitre, nous allons découvrir ensemble un certain nombre de procédés destinés à vous permettre de soulager vous-même vos douleurs et d'améliorer votre état de santé. Les techniques exposées seront également celles que vous serez amené à utiliser lorsqu'il s'agira de soulager ou de guérir quelqu'un d'autre. Qu'il s'agisse de soi-même ou des autres, le principe, dans les grandes lignes, demeure identique. Vous allez apprendre à utiliser le magnétisme curatif et à renforcer son action grâce à la visualisation et à la puissance des affirmations.

Les professionnels qui usent du magnétisme n'ont souvent aucune connaissance des lois qui régissent l'Univers — du moins ceux qui œuvrent en utilisant ce que l'on nomme le magnétisme animal.

Par suite, ces magnétiseurs utilisent ce qui est à leur disposition, à savoir leur énergie propre, l'énergie vitale. Cette méthode comporte un inconvénient majeur consistant en une déperdition d'énergie chez l'opérateur. Le magnétiseur se trouve alors dans une situation qui ressemble fortement à celle existant lors d'une transfusion de sang. Il y a véritablement transfusion de l'énergie vitale du magnétiseur au profit du patient. Tandis que l'une s'accroît, l'autre diminue, s'appauvrit.

Ce point explique pourquoi la durée de vie des magnétiseurs, pratiquant ainsi, est peu élevée. Leurs patients les vampirisent littéralement.

Le second danger réside dans ce que l'on nomme familièrement le « choc en retour ». Il ne faut jamais oublier que, lorsque vous travaillez sur un patient, vous êtes en parfaite harmonie avec lui, en totale sympathie. Par conséquent, vous êtes en position de ressentir les troubles dont il souffre. Il arrive parfois que les symptômes soient ressentis très violemment par le magnétiseur. La plupart du temps, le malaise se dissipe rapidement, mais en faire l'expérience est toujours une expérience désagréable qu'il vaut mieux éviter.

Fort heureusement, il existe des moyens préventifs ainsi que des possibilités d'annihiler les « agressions » éventuelles. Bien qu'il soit peu probable que vous soyez amené à utiliser le magnétisme sous sa forme la plus empirique, toutes indications, aptes à vous protéger, vous seront fournies dans le chapitre suivant.

Les procédés préconisés dans notre livre ne présentent pas les inconvénients évoqués ci-dessus ; de plus, ils ont le mérite de se révéler beaucoup plus efficaces.

Avant que d'en voir en détail le champ d'application, quelques informations d'ordre général vous permettront de mieux comprendre la technique que vous utiliserez.

Pourquoi épuiser son énergie alors que l'univers, comme nous l'avons vu précédemment, en est une source abondante et inépuisable à laquelle vous pouvez puiser quand vous le souhaitez?

Souvenez-vous toujours que vous êtes un véritable canal au travers duquel circule l'énergie.

Comment capter l'énergie cosmique?

Le moyen de capter l'énergie cosmique est indiqué par nombre de statues religieuses et ce, dans la plupart des religions. Pour nous limiter à la statuaire occidentale, une observation attentive des personnages sculptés sur les façades des cathédrales révèle que ces derniers possèdent des mains de grandes dimensions. Les sculpteurs de l'ancien temps souhaitaient par cette anomalie attirer le regard des passants. Souvent, ces statues laissent voir la face palmaire de leurs mains. Parfois, les mains se présentent ouvertes en direction du ciel, véritables réceptacles destinés à recueillir une mystérieuse et précieuse substance. Cette substance, véritable élixir de vie, n'est autre que le rayonnement cosmique dont les cathédrales célèbrent l'ancien culte.

En Asie, les Bouddhas sont également souvent figurés dans cette position ; qu'ils soient debout ou assis, ils offrent au ciel la paume de leurs mains.

Procédez de la façon suivante:

- En position assise ou debout, vos pieds, légèrement écartés l'un de l'autre, reposent bien à plat sur le sol.

L'idéal est d'être pieds nus.

La position des bras importe peu. Ils peuvent être écartés du corps. L'important, quelle que soit la posture adoptée, réside dans la position de vos

mains, ces dernières doivent impérativement être présentées face palmaire vers le ciel (ou le haut si vous accomplissez cet exercice en intérieur).
Inspirez profondément en gonflant le ventre.
Ne respirez plus. Conservez votre inspiration bloquée durant 15 à 20 secondes.
Visualisez une chaude et brillante lumière pleuvant sur le sommet de votre tête et pénétrant tout votre organisme.
Expirez légèrement, sans forcer.
Inspirez à fond de nouveau...

Cet exercice peut être effectué aussi longtemps que vous le désirez.

Il existe une variante de cette méthode, utilisable lorsque vous éprouvez le besoin de vous recharger rapidement.
Adoptez la même attitude qu'en ce qui concerne l'exercice précédent.
Inspirez à fond.
Tout en bloquant votre respiration, joignez les pieds l'un contre l'autre. Ramenez les mains jointes sur votre poitrine. Expirez sans forcer en séparant vos mains et vos pieds. Recommencez (autant de fois que vous le souhaitez).
En pratiquant de cette façon, vous vous mettez en circuit fermé, l'énergie que vous avez captée ne s'échappe plus.

Procédés d'autoguérison

Nous allons à présent aborder l'un des aspects les plus mystérieux, et souvent le plus mal compris, des possibilités de guérison latentes en chaque individu. Cette potentialité est liée à la formation trinitaire du corps humain.

Certains initiés aux mystères des anciennes

écoles de Sagesse avaient une conception très particulière de ce qu'est l'homme. Ces écoles enseignaient que l'homme, contrairement aux apparences, ne possédait pas un seul corps mais plusieurs. Nous n'exposerons pas la totalité de leur enseignement ce qui ne présenterait ici aucun caractère pratique. Il suffit, en ce qui nous concerne, de nous en tenir aux trois corps les plus souvent cités :

— Le *corps physique*, notre apparence extérieure.
— Le médiateur plastique ou *corps de liaison*.
— Le *corps astral*, également désigné sous les noms de corps sidéral, corps spirituel, ou encore corps énergie.

Le savant médecin suisse du XVIe siècle, Paracelse, écrivait à propos de cette constitution : « L'être humain est habité par un pouvoir qui lui permet de percevoir ses amis et la condition de ces derniers, même si à ce moment, ils sont éloignés de lui d'une distance de mille lieues. »

Dans cette citation extraite de son œuvre, Paracelse faisait une allusion à peine voilée aux pouvoirs du corps énergie. C'est ce corps de lumière qui possède la propriété de nous guérir, et nous allons apprendre à utiliser ses talents.

Le corps énergie est, en tous points, pareil à votre corps physique, il est une réplique exacte de vous. La seule différence réside dans le fait que les particules d'énergie le composant étant d'une qualité vibratoire différente de celle du corps physique, il n'est pas visible aisément.

Des sensitifs ou des médiums possèdent la faculté de le voir à volonté. Des exercices précis permettent également de développer notre vision subtile et par suite de nous octroyer la même faculté. Enfin, d'autres techniques enseignent à

« projeter » le corps sidéral en un endroit éloigné et même à le rendre visible à autrui. Il m'a été donné en diverses circonstances de vérifier ces différentes fonctions et possibilités.

Admettons que vous ne soyez pas un sensitif. Ne pouvant voir le corps énergie, vous devrez le visualiser, en créer l'image mentale. La meilleure façon de procéder consiste à le voir sous l'aspect de votre corps physique mais sous une forme lumineuse, auréolé d'une intense et agréable lumière dorée.

Comment utiliser le corps énergie en cas de maladie

Le moment le plus favorable pour pratiquer sur soi est le soir, durant la période qui précède le coucher.

Magnétisez un verre d'eau comme cela vous a été précédemment enseigné. Buvez lentement, à petites gorgées, en vous efforçant d'envoyer le liquide dans l'arrière-gorge.

Allongez-vous et pratiquez la respiration profonde durant quelques minutes.

Mentalement, récitez l'invocation suivante :

« Je demande humblement à l'énergie cosmique les pouvoirs nécessaires afin d'utiliser à mon profit les forces positives et curatives de l'Univers ; que cesse ma douleur et que reviennent les conditions normales qui mènent à une santé parfaite. Qu'il en soit ainsi ! »

Si vous vous endormez au cours de cette méditation, ce n'en sera que mieux.

Chaque nuit, au cours de notre sommeil, le corps énergie « s'extériorise », sans que nous en ayons conscience. Dans le cas présent, il aura enregistré votre message et fera le nécessaire afin de rétablir vos forces, d'équilibrer votre organisme et de vous guérir.

Veillez à bien vous couvrir dès le début de votre méditation. En effet, sous l'action conjuguée du verre d'eau absorbé et du traitement, vous risquez de transpirer abondamment. Ce phénomène caractéristique se produit toujours entre trois et six heures du matin.

Comment se guérir d'une blessure

Consécutivement à une blessure, il peut être utile d'utiliser un traitement complémentaire. Dans ce cas d'espèce, vous allez hâter le processus de cicatrisation ou réparer des dommages physiques. La méthode décrite ci-après donne d'étonnants résultats en très peu de temps.

Asseyez-vous ou allongez-vous.

Relaxez-vous en pratiquant la respiration profonde avec rétention d'air.

Une fois atteint l'état de décontraction nécessaire, visualisez votre corps énergie.

Vous devez le voir de la taille de votre corps physique.

Admirez sa beauté, la lumière dorée qui émane de lui.

Il s'agit d'un être rayonnant de santé qui possède d'immenses pouvoirs, des pouvoirs illimités.

Efforcez-vous maintenant de faire diminuer sa taille, jusqu'à ce qu'il devienne microscopique.

Représentez-vous ensuite l'organe atteint.

Il serait bon qu'au préalable vous ayez consulté une planche anatomique, précaution qui favorisera votre représentation mentale.

A présent, voyez votre minuscule corps énergie s'affairer sur l'organe à soigner.

Vous devez le voir travailler à l'intérieur de votre

corps physique, comme un chirurgien en quelque sorte.
Dites-vous qu'il s'agit d'un guérisseur très doué, le meilleur qui soit, de plus vous êtes son patient attitré, privilégié, il met tout son talent à vous guérir.
Au fur et à mesure, visualisez votre organe malade se régénérant, puis, progressivement, tel qu'il était auparavant, parfaitement sain.
Cessez votre travail et remerciez votre corps énergie pour les soins qu'il vous a prodigués.

La prévention par les affirmations

Prévenir vaut toujours mieux que guérir. La visualisation alliée à la technique des affirmations permet, dans la plupart des cas, de conserver un état de santé satisfaisant.

Sans schématiser ni tenter de systématiser les causes complexes provoquant la maladie, une observation s'impose. Nous avons appris que l'art de la visualisation repose sur la communication existant entre l'esprit et le corps. Les idées ou images mentales créées par l'esprit sont transmiscs sous forme de signaux ou d'ordres au corps.

Le physique obéit avec obligeance aux injonctions du psychique. Si l'esprit juge opportun ou inévitable de créer la maladie, pour répondre à un besoin donné ou parce que la situation semble l'exiger, il transmet cette information au corps, lequel présentera avec obéissance les symptômes de la maladie.

Pour certains d'entre nous, la maladie est la seule réponse logique à une situation donnée ou à des circonstances précises. Il y a réellement relation de cause à effet. La maladie peut représenter une solution ultime, une solution désespérée à un quelconque conflit devenu insupportable. Les exemples sont nombreux qui attestent l'authenticité de cette assertion.

Nous connaissons tous des gens qui n'assumaient pas leur vie professionnelle et ne pouvaient quitter leur emploi. Pour ces derniers, aucun espoir, les solutions semblent inexistantes, alors ils se réfugient dans la maladie ou sont victimes d'un accident « providentiel ».

Bien souvent un tel processus est inconscient chez ceux qui le développent, il correspond à une tentation de mettre en œuvre la politique du pire.

D'autres, inexplicablement, meurent de la même affection que celle de l'un de leurs parents. Là, également, peut se déceler une attitude teintée de mimétisme : la maladie qui se déclare brutalement correspond en réalité à une lente et longue programmation.

Une autre variante s'observe chez ceux qui tombent malades afin de susciter la compassion, d'être l'objet de soins attentifs.

Le besoin d'amour, s'il est refoulé, peut parfois mener à la maladie.

Encore une fois, il n'est pas question d'ériger ce point de vue en système, mais on ne peut nier l'influence de la psyché sur le physique ni l'interaction qui existe entre les deux. Les mécanismes de la maladie sont certes complexes mais l'homme n'est pas, non plus, une créature simple.

Une expérience, fréquemment tentée dans les milieux qui s'intéressent à l'étude de l'hypnose, confirme cette théorie. Après avoir endormi un sujet, on place devant lui un récipient contenant de l'eau froide. Le sujet reçoit l'ordre de tremper la main dans le récipient. L'hypnotiseur suggère alors que le liquide est brûlant. Le sujet, au contact de l'eau, pourtant froide, retire sa main vivement. Celle-ci ne tarde pas à laisser apparaître des traces de brûlures, en tous points semblables à des blessures réelles. Une contre-suggestion suffit à faire disparaître sur-le-champ toutes traces de brûlures.

En conclusion, cette expérience permet de dire que *toute suggestion, qu'elle soit artificielle ou non, provoque une réaction physiologique*.

Les affirmations sont des suggestions, elles possèdent un pouvoir identique. Par conséquent ne vous privez pas de leur puissance. Afin de vous aider, nous indiquons ci-dessous quelques exemples d'affirmations utiles :

— Par essence, je suis un être parfait, une expression de l'esprit universel qui réside en moi.
— La santé, l'énergie illimitée, la beauté, la vitalité et la joie d'exister sont des droits que j'exerce.
— Je crois à la suprématie de l'esprit sur le corps et mon esprit crée les conditions d'une santé parfaite.

Votre propre créativité sera le guide le plus sûr et vous guidera dans le choix des affirmations qui vous conviennent.

Souvenez-vous que la maladie est un appel de l'esprit, une invitation à prendre du repos, à nous détacher des affaires du monde. Ce peut être également un avertissement destiné à nous faire comprendre que notre conception de l'existence est négative, que nos principes doivent être révisés.

Maladies et accidents sont très souvent des messages qu'il nous appartient de capter, de décoder et d'utiliser pour notre plus grand bien.

Enfin, les conseils qui vous sont donnés dans le présent chapitre, ne sont nullement des incitations à ne plus user de thérapies différentes. L'important est la confiance, toujours. Si une thérapie en cours a toute votre confiance, surtout ne l'abandonnez pas. La visualisation sera, néanmoins, un complément utile et efficace.

Poursuivons notre étude en envisageant une variante relative aux méthodes d'autoguérison.

Méthode d'autoguérison

Asseyez-vous ou allongez-vous, selon votre préférence.
Respirez profondément et calmement, sans effort.
Peu à peu vous vous sentez gagné par une sensation de légèreté.
Prenez conscience de votre corps, progressivement. Commencez par les orteils, puis l'ensemble de vos pieds. Passez ensuite aux jambes. Sentez le sang circuler dans vos artères.

Après quelques secondes de concentration, un engourdissement plus ou moins accentué se fera ressentir.
Concentrez votre attention sur votre bassin en vous efforçant d'éliminer toute tension.
Remontez vers l'abdomen.
Vous devez en détendre tous les muscles.
Attardez-vous ensuite sur les bras, l'un après l'autre.
Reportez votre attention sur votre poitrine.
Essayez de percevoir les battements de votre cœur, jusqu'à ne plus rien entendre d'autre que ses pulsations.
Passez au dos.
Cette surface étant parfois difficile à décontracter, procédez méthodiquement ; procédez lentement par petites zones successives, en insistant bien sur les vertèbres et l'ensemble de la colonne vertébrale.

Concentrez-vous sur la nuque, en insistant.
Terminez par le visage et l'ensemble de la tête.
Visualisez l'ensemble de votre corps baignant dans une lumière dorée. Cette lumière est chargée d'énergie curative.
Efforcez-vous de la sentir.
Appréciez pleinement cette lumière revitalisante.

En admettant qu'une partie quelconque de votre corps soit malade ou simplement douloureuse, communiquez avec elle.
Questionnez-la, comme vous le feriez avec un interlocuteur.
Demandez-lui si elle a un message à vous délivrer.
Réclamez ses conseils.
Devez-vous faire quelque chose ?
Si oui, que devez-vous accomplir ?
Avec un peu de pratique, vous recevrez fréquemment des messages.

Adressez à la partie malade ou à toute partie déficiente une bonne dose d'énergie.
Ne lésinez pas sur la quantité, ni la qualité.
Tout se passe dans votre tête !
L'énergie que vous vous distribuez est chargée d'amour et de vertus curatives, elle est illimitée.
Ne l'économisez pas... D'ailleurs ce type d'énergie n'étant pas reconnue, votre percepteur n'accepterait pas que vous en déduisiez vos économies sur votre feuille d'impôts...

Il peut arriver que par suite d'un blocage, ou d'un manque de confiance en soi, les résultats tardent à se manifester. Une petite astuce permet de tourner cette difficulté.
Dans ce domaine « tous les coups » sont permis.
Ne vous en privez pas.

Vous pouvez vous faire assister de votre guide, d'un maître, d'un guérisseur, d'un shaman ou de n'importe qui.
Votre choix sera dicté par la confiance que vous éprouverez à l'égard de cette création mentale.
Grâce à vos capacités, ou à celles de votre assistant, votre problème se résoudra. Il disparaîtra pour ne plus revenir.
Vous achèverez votre travail en vous imaginant doté d'une santé parfaite. Imaginez-vous actif, à l'aise, dans des situations variées. Vous êtes dynamique, empli de vitalité.

Utilisez la pratique des affirmations.

— Mes idées quant à la maladie étaient des idées préconçues. Je suis libre de mes choix et par conséquent *je suis en bonne santé*!
— Je déborde d'énergie et je rayonne de santé.
— Je suis en parfaite harmonie avec mon corps et mon corps vibre en harmonie avec l'Univers.
— J'aime mon corps et l'accepte.
— Désormais, je suis énergique en toutes circonstances.
— On envie ma vitalité.
— Mon esprit et mon corps sont des expressions de la perfection divine...

Se guérir est une belle faculté, mais pouvoir aider les autres, ses semblables, est une satisfaction incomparable. Vous le pouvez également en exerçant une action à distance.

Procédés d'autoguérison

Comment capter l'énergie cosmique?

- L'énergie se capte par la respiration et par la paume des mains.

Par conséquent lors des exercices, les mains doivent être ouvertes, paumes tournées face au ciel.

Pratique:

- Pieds légèrement écartés, reposant sur le sol à plat.
- Mains ouvertes, paumes face au ciel.
- Inspirer et bloquer la respiration durant 15 à 20 secondes.
- Visualiser la lumière pleuvant sur le sommet de la tête.
- Expirer sans forcer... recommencer.

Méthode rapide:

- Même attitude que précédemment mais, lors de la rétention d'air, les pieds et les mains doivent être joints afin que l'énergie circule en circuit fermé.

Procédés d'autoguérison :

— *Utilisation du corps énergie en cas de maladie.*

- Absorption d'un verre d'eau magnétisé.
- Récitation d'une invocation.
- Le corps énergie travaille durant le sommeil.

— *Comment se guérir d'une blessure?*

- Après décontraction, visualiser le corps énergie, puis en diminuer la taille.
- Représentation mentale de l'organe à soigner.
- Visualisation du corps énergie réduit travaillant sur l'organe déficient.
- Visualisation de l'organe se régénérant.

— *La prévention par les affirmations* :

- La maladie est un signal d'alarme, une tentative de l'esprit de communiquer au travers du corps, afin de nous faire comprendre nos erreurs.
- Force de la suggestion.
- Les affirmations sont des suggestions.

Méthode d'autoguérison :

- Respiration profonde.
- Détente musculaire progressive.
- Communication avec la partie malade.
- Utilisation de l'énergie.
- En cas de blocage, utiliser un aide (création mentale d'un guide, shaman, etc.)
- Utilisation des affirmations.

Guérir les autres à distance

Vous vous apercevrez rapidement de votre remarquable efficacité lorsqu'il s'agit de prodiguer vos soins à quelqu'un d'autre. Bien que les moyens mis en œuvre soient les mêmes que ceux employés vis-à-vis de votre personne, ils semblent multipliés par dix. L'explication réside dans le fait que notre conscience est en prise directe avec celle des autres. Ce lien étant également celui qui nous relie à la conscience cosmique, nous possédons tous le pouvoir de guérison et ce pouvoir est à notre entière disposition.

Ce qui a été affirmé au sujet de notre santé est également vrai pour autrui. Tout comme l'image que nous formons de nous-mêmes détermine la qualité de notre santé, notre entourage est influencé par ce que nous pensons de lui ou lui montrons de nos réactions.

Il serait criminel en nous rendant au chevet d'un malade de prendre une mine apitoyée et d'adopter une attitude résignée. Il est hors de question d'abonder dans le sens du malade, d'acquiescer à son point de vue pessimiste et d'entretenir ainsi la maladie.

Nous devons, en toutes circonstances, nous montrer constructifs et positifs. Croire fermement à la perfection du corps malade, être persuadé qu'il lui est donné de guérir, sont des préalables. Nous créons les conditions qui mènent à un rétablissement.

Plusieurs modes de traitements curatifs sont à notre disposition. Notre choix dépendra de divers facteurs et de contraintes variées. Il faut savoir qu'un malade vit coupé du monde des bien-portants et que souvent sa maladie affaiblit sa volonté. Dans un cas de ce genre, il n'est pas très aisé d'apprendre à votre patient à utiliser ses propres ressources. Par conséquent, il vous faudra les suppléer et travailler seul. Si la possibilité existe, vous pourrez le soigner en direct grâce à des techniques magnétiques exposées ci-après.

Il se peut que votre malade ne puisse se déplacer et vive en un lieu éloigné de chez vous. Vous n'aurez pas le choix. Vous devrez opter pour un traitement à distance. L'éloignement n'est jamais un inconvénient majeur ; en effet l'expérimentation m'a prouvé que, contre toute attente, les effets curatifs des traitements effectués à distance, sont très nettement supérieurs à ceux donnés en direct. Les guérisons obtenues dans ces circonstances — a priori défavorables — sont absolument remarquables.

Vous serez parfois confronté à un problème différent, celui du refus de recevoir le moindre traitement. Il ne faut jamais oublier que la maladie est une réponse à un problème ou à une situation mal vécus. Le malade peut souhaiter s'infliger une punition inconsciemment et ne pas désirer guérir.

Cette situation délicate exigera du doigté et surtout un sens total de l'abnégation. Vous soignerez le patient à son insu. Inutile de vous sentir frustré. Souvenez-vous que vous n'agissez pas en vue d'obtenir des remerciements, mais pour vous conformer à la loi d'amour et de responsabilité universelle. Tout le mérite en revient à l'énergie cosmique, votre rôle se limitant à celui de relais ou de canal.

Dans ce dernier cas, votre unique ressource sera de soigner votre patient en usant des techniques de guérison à distance.

Méthode de guérison à distance

Si vous le pouvez, procurez-vous une photo de la personne à qui vous souhaitez prodiguer vos soins. Ce n'est pas indispensable, mais une photographie offre certains avantages.

— Elle facilite votre propre concentration en vous permettant de créer une excellente image mentale du patient.

— Vous pouvez magnétiser la photo, comme vous le feriez de la personne elle-même si elle se trouvait en votre présence.

L'action du magnétisme sur une photo s'explique par un curieux phénomène étudié depuis quelques années par la science sous le nom de « phénomène de résonance ».

Dans un premier temps, nous allons supposer que vous ne possédez aucune photo. En revanche, vous avez déjà eu l'occasion de rencontrer le sujet et par conséquent vous connaissez son aspect physique. Commencez par une séance, même brève, de relaxation, afin d'atteindre une certaine passivité. Pratiquez ensuite la respiration profonde, accompagnée de rétention d'air. Vous inspirerez, puis bloquerez votre respiration durant 15 à 20 secondes et expirerez à fond.

Cette technique respiratoire doit être utilisée trois fois au minimum.

Formez une image mentale aussi parfaite que possible du malade. Vous n'avez pas à vous interroger sur la nature du mal dont il souffre, ni des moyens à employer pour le guérir ; ceux que vous mettez en œuvre suffisent. Votre image mentale doit être nourrie de tous les détails dont vous vous souvenez. La couleur et la texture des cheveux, la couleur des yeux, la forme des sourcils et celle du nez, de la bouche, les lignes du visage, sont autant de précisions qui vous aideront à voir le patient comme s'il était présent en face de vous. Vous pouvez le voir en buste ou dans sa totalité.

Dès que l'image ainsi créée est nette et précise, dites à voix basse ou mentalement : « Je demande à l'énergie cosmique les pouvoirs nécessaires afin d'adresser au patient (mentionnez son nom si vous le connaissez), par mon intermédiaire, les forces curatives de l'Univers et un réveil des forces positives et constructives qu'il possède en lui afin que cesse sa douleur et que reviennent les conditions normales qui mènent à une santé parfaite. »

Efforcez-vous de voir le sujet rayonnant de santé, au besoin, auréolez son image d'un halo de lumière dorée. Après quelques minutes de concentration, de une à trois minutes, laissez l'image s'évaporer.

Cessez votre séance. Remerciez l'énergie cosmique d'avoir répondu à votre appel.

Si vous n'avez jamais rencontré le malade...

Il est évident que vous ne serez pas en mesure de le visualiser. Dans ce cas particulier, vous utiliserez néanmoins le processus précédent, à deux variantes près.

— Supprimez la phase de création d'une image mentale.

— Lorsque vous réciterez le texte invoquant l'assistance de l'énergie cosmique, vous le compléterez de la façon suivante : « Je demande humblement à l'énergie cosmique les pouvoirs nécessaires afin d'adresser au patient (mentionnez son nom et son prénom) demeurant à (précisez la ville où il réside), par mon intermédiaire... »

N'ayez crainte, le traitement possédera la même efficacité. Les forces cosmiques ne connaissent pas les limitations du monde matériel, leur vitesse et précision d'acheminement sont nettement supérieures à celles de l'administration des Postes. Les « messages » que vous adressez ne risquent pas de vous revenir avec la mention : « Inconnu » ou « N'habite pas à l'adresse indiquée ».

Traitement magnétique sur photo

Dans le cas d'un traitement magnétique donné à un sujet par l'intermédiaire d'une photo, vous faites appel au phénomène de résonance que nous avons eu l'occasion d'évoquer. Autrement dit, la photo ne sert pas uniquement de support, elle est une sorte de relais.

Mettez-vous dans un état de détente. Relaxez-vous quelques instants. Posez la photo devant vous ou conservez-la dans le creux de la main gauche.

Tout en récitant le texte invoquant l'assistance des forces supérieures, disposez votre main droite à quelques centimètres au-dessus de la photo. A ce stade, demeurez passif. Laissez venir les images mentales.

Il se peut que vous ressentiez les symptômes des maux dont souffre votre patient. N'en ayez aucune inquiétude, cela prouve simplement que vous êtes en sympathie avec lui.

Imaginez à présent que vous êtes un canal au travers duquel se déverse l'énergie cosmique. Voyez cette énergie descendre et s'écouler abondamment en vous ; imaginez que vous transmettez cette énergie au patient. Sentez la chaleur de l'énergie circuler dans votre bras droit et descendre dans votre main. Pratiquez la respiration profonde, telle qu'elle vous a été enseignée. A l'issue de chaque rétention d'air, expirez à fond en vous disant que plus vous expirez, plus votre patient reçoit d'énergie. L'utilisation des affirmations confortera votre action.

En général une séance de quinze minutes donne d'excellents résultats. A dire vrai, l'expérimentation prouve que dans la majorité des cas, cinq minutes suffisent amplement.

Ne détruisez *jamais* une photo et n'oubliez pas de la restituer à son propriétaire une fois la cure achevée.

Traitement spécial d'urgence

Il se peut qu'un jour vous soyez contraint d'agir rapidement, consécutivement à un accident dont vous seriez le témoin, voire une catastrophe. Les blessés pouvant être nombreux et les circonstances étant exceptionnelles, le moyen utilisé sera le suivant :

Il est recommandé de se retirer en un lieu où vous serez seul. Si cela n'est pas du domaine du possible, tenez-vous à l'écart ou en retrait de la foule. Oubliez ce qui vous entoure et pensez uniquement aux blessés ayant besoin de votre aide ainsi qu'aux pouvoirs de l'énergie cosmique que vous allez utiliser.

Pratiquez une profonde inspiration et retenez l'air ainsi absorbé aussi longtemps que vous le pouvez. Expirez par le nez, lentement et complètement. Durant l'expiration, pensez que vous êtes en contact mental et physique avec les blessés. Dites mentalement : « Je demande humblement à l'énergie cosmique les pouvoirs nécessaires pour envoyer aux patients, par mon intermédiaire, les forces curatives de l'Univers et un réveil des forces créatrices et constructives qu'ils possèdent en eux. Que cesse leur douleur et que reviennent les conditions normales qui mènent à une santé parfaite. »

Cette invocation sera répétée durant toute la durée du traitement, lequel pourra être exécuté pendant cinq à dix minutes...

Avec un peu d'entraînement et de pratique, il vous sera aisé de créer vos propres techniques de soins à distance.

Le but de ce livre étant avant tout de vous aider à développer la force créatrice de votre imagination, voici une variante de la méthode exposée précédemment.

Autre méthode de guérison à distance

Relaxez-vous. Pour ce faire, vous utiliserez la préparation qui vous convient : respiration, détente musculaire ou une combinaison de ces deux modes.

Imaginez que vous êtes un canal captant l'énergie cosmique. L'énergie en question provient de l'espace et votre rôle consiste à la concentrer et à en diriger l'action.
Visualisez ensuite celui ou celle à qui vous souhaitez prodiguer vos soins. Votre visualisation doit être aussi claire et détaillée que possible.
Demandez à cette personne si elle désire que vous interveniez pour elle et ce que vous pouvez faire pour la soulager. Il n'est pas rare qu'une réponse se manifeste sous forme de phrases ou plus simplement d'une intuition. Quelle que soit l'expression de cette réponse, conformez-vous à ce qui est demandé.

Il se peut également que vous ayez l'intuition de devoir travailler sur un organe précis.
Si tel est le cas, concentrez votre attention sur cet organe ; voyez-le et focalisez par la pensée l'énergie à cet endroit.
Soyez convaincu que vous rétablissez les énergies, que la partie malade se régénère, qu'elle devient saine, qu'*elle est saine*.
Enveloppez l'image que vous avez formée d'une intense lumière dorée.
Vous pouvez dialoguer avec votre patient, le convaincre de sa nature parfaite.
Insistez, en lui disant que, par suite de sa nature, la maladie n'a aucune prise sur lui.
Soyez rassurant. Faites savoir que vous êtes à ses côtés et que vous accomplissez tout ce qui est nécessaire afin que sa santé se rétablisse.
Précisez que vous continuerez à lui prodiguer cette énergie bienfaisante et votre amour.

Nous vous laissons juge de la durée du traitement. Une fois cette séance terminée, représentez-vous le sujet définitivement guéri. Cessez votre visualisation. N'accordez plus la moindre pensée au malade. *Laissez le cosmique œuvrer comme il l'entend.* Reprenez vos occupations.

Au cours des séances ultérieures, vous n'aurez plus à recommencer ce processus. Il vous suffira de voir la personne à qui vous dispensez vos soins, entièrement rétablie.

Guérir les autres à distance

Méthode de guérison à distance:
Sans support (sans photo du patient):

- Relaxez-vous.
- Pratique de la respiration profonde avec rétention d'air.
- Visualisation du malade.
- Invocation.
- Voir le sujet rétabli.
- Laissez partir l'image du patient.

Le patient n'a jamais été rencontré:

- Le traitement se limitera à l'énoncé de l'invocation incluant les données en votre possession.

Traitement magnétique sur photo:
- Relaxez-vous
- Invocation. Placez la photo du sujet dans la main gauche. La main droite est placée au-dessus de la photo.
- Demeurez passif quelques instants.
- Laissez venir les images mentales.
- Vous êtes un canal au travers duquel s'écoule l'énergie cosmique. Transmettez cette énergie au patient.
- Sentez l'énergie circuler dans votre bras droit, descendre dans la main.
- Utilisez les affirmations.

Ne détruisez jamais la photo, restituez-la à l'issue du traitement.

Traitement spécial d'urgence:
- Ce traitement s'adresse à des blessés multiples (en cas d'accident, par exemple).
- Utilisation d'une invocation spéciale-A répéter durant toute la durée du travail.

Autre méthode de guérison à distance:
- Relaxez-vous.
- Imaginez que vous êtes un canal captant l'énergie cosmique.

- Visualisez votre patient.
- Demandez à cette personne si elle désire votre intervention et ce que vous pouvez faire pour elle.
- Conformez-vous à la réponse : celle-ci est fournie sous forme de phrases ou d'intuition.
- Si votre intuition vous dit de travailler sur un organe précis, concentrez votre attention sur l'organe en question.
- Focalisez l'énergie à cet endroit.
- Dialoguez avec votre patient.
- Voyez-le guéri.

Comment magnétiser en direct?

Magnétiser en direct nécessite quelques précautions. Voici quelques rudiments d'action magnétique sur un sujet se trouvant en votre présence. Ce genre de traitement est susceptible d'engendrer des troubles momentanés, mais désagréables pour celui qui magnétise et ce, en vertu de l'état de sympathie qui se crée entre le magnétiseur et celui qu'il soigne. Ce phénomène de « choc en retour » n'est pas inéluctable nous avons quelques moyens à notre disposition pour en amortir les effets et éventuellement les supprimer.

Protection

Le soleil

Après vous être mis dans l'état requis en utilisant une méthode de relaxation, il vous faut procéder de la manière suivante:
Créez l'image mentale du soleil.
Au début, votre soleil n'aura pas une vaste superficie, il se peut que ses dimensions ne dépassent pas celles d'un point lumineux.

Maintenez votre visualisation tout en pratiquant la respiration profonde.

Imaginez que chaque inspiration supplémentaire dilate votre petit soleil, jusqu'à ce qu'il atteigne une taille convenable ; celle d'une assiette est un bon début.

Comme dans toute séance de visualisation, vous devez conserver les yeux fermés, ce qui favorise votre concentration. Une fois parvenu à l'obtention de votre soleil, sentez la chaleur qui se dégage de son rayonnement, d'abord sur votre visage. Cette chaleur gagne l'ensemble de votre corps.

La bulle

Dans un second temps, créez une bulle dans l'espace.

Pour ce faire, visualisez au départ une petite bulle, semblable à celle que vous formeriez avec du savon.

Faites-la ensuite tourner dans le sens inverse des aiguilles d'une montre et voyez-la se dilater.

Vous pouvez à présent voir votre bulle scintiller agréablement sous l'effet des rayons de votre soleil. Son aspect est attirant, agréable.

Vous vous sentez irrésistiblement attiré par cette bulle protectrice, accueillante.

Maintenant, visualisez votre corps énergie.

Voyez-le comme une réplique parfaite de vous-même, nimbé d'une lumière dorée.

Projetez mentalement votre corps énergie à l'intérieur de la bulle.

Vous vous sentez bien au sein de votre bulle, elle est agréable et vous éprouvez le sentiment de ne plus posséder de poids.

Une incroyable sensation de légèreté s'empare de tout votre être.

Le soleil éclaire votre bulle ; vous le sentez comme vous sentiriez le soleil véritable derrière une vitre. Votre bulle et votre corps énergie forment un ensemble en parfaite harmonie, chargé d'énergie solaire.

Par précaution ; disposez dans la pièce un bol empli d'eau. L'eau possédant une qualité magnétique, elle captera les effluves.

Traitement

Votre patient étant assis, les pieds posés bien à plat sur le sol et les mains reposant sur les genoux, approchez-vous.
Prenez position derrière lui et imposez vos mains ouvertes sur le sommet de sa tête.
Les paumes de vos mains ne doivent pas le toucher.
Imaginez que le traitement est donné, non par vous, mais par votre corps énergie contenu par la bulle.
Laissez venir les impressions.
Dès que vous avez localisé l'emplacement à soigner, efforcez-vous d'en avoir à l'esprit une représentation précise.
Si vous ne parvenez pas à sentir par vous-même l'endroit nécessitant un traitement, demandez à votre patient de vous l'indiquer.
Une fois la partie malade connue, vous imposerez la main gauche dessus (toujours sans contact). La main gauche étant celle qui capte, dites-vous que vous attirez tout ce qui est nocif se trouvant dans cette zone, que vous l'extrayez.
Prenez la précaution de penser que ce qui est extirpé s'accroche à vos mains et à vos bras, mais ne parvient pas à dépasser le niveau de vos coudes. De

temps à autre, secouez les mains, comme pour vous débarrasser d'une substance gluante.

Dans un second temps, magnétisez la zone en question de la main droite. La main droite apaise, c'est celle qui soulage.
Imaginez l'énergie cosmique circulant de votre corps énergie à celui du patient.
La pratique de la respiration profonde avec rétention d'air, associée à la récitation de la formule invoquant l'énergie cosmique (donnée précédemment) augmenteront la force de vos soins.
Représentez-vous l'organe magnétisé devenant sain, puis peu à peu définitivement guéri.
Vous pouvez terminer par un traitement général. De la main droite, magnétisez votre patient lentement, du sommet de la tête au bas du dos.
Vos passes s'effectuent tout au long de la colonne vertébrale.

Ici, il nous faut ouvrir une courte parenthèse.

Vous pouvez être amené, un jour ou l'autre, à pratiquer des passes magnétiques du sommet de la tête à l'estomac. Dans ce cas, il est possible que votre patient soit envahi par la somnolence. Cet état est créé par les passes descendantes, lesquelles possèdent la particularité d'être hypnotiques. Pour éveiller votre patient, il vous suffira de le magnétiser en sens inverse. Vous prendrez la précaution de préparer verbalement son réveil en disant :

— « Vous allez vous éveiller. A votre réveil vous vous sentirez parfaitement bien. Vos forces ont été augmentées et vous êtes en pleine forme, en possession de tous vos moyens. »

Votre main droite au niveau de l'estomac de votre patient, vous remonterez vers le sommet de sa tête en passes rapides.

Effectuez ces passes de trois à cinq fois.

Technique du balayage

Une fois achevé votre travail, il est nécessaire de dégager votre patient afin de lui éviter les inconvénients d'une légère ivresse, ivresse causée par la saturation d'énergie.
Pour ce faire, placez-vous face au sujet.
De votre main droite, en partant du sommet de la tête, effectuez un large balayage latéral et descendant progressivement jusqu'aux pieds, un peu comme si vous éventiez entièrement le corps de la personne vous faisant face.
Priez votre patient de demeurer quelques minutes assis.

Enfin, n'acceptez jamais le moindre paiement en retour des services que vous rendez. Si jamais votre patient insiste, expliquez-lui qu'il peut éventuellement effectuer un don, ou rendre service à une personne ou à un organisme de son choix.

Ceci étant accompli, il vous reste à pratiquer un petit travail sur vous-même.

Dépoussiérage du magnétiseur

Les sensitifs ou médiums savent que, lors d'une séance de ce type, le magnétiseur capte : il récupère les effluves sécrétés par un patient. Ces éléments doivent être détruits.
Visualisez votre corps énergie quittant sa bulle.
Voyez-le au beau milieu d'un champ, occupé à creuser un trou profond.
Secouez vos mains, faites comme si vous vous débarrassiez d'une matière gluante ; ôtez cette

matière de votre bras gauche, à l'aide de votre main droite.
Pratiquez de même avec le bras droit, à l'aide de votre main gauche.
Imaginez le corps énergie enfouissant ces déchets au plus profond du sol.
Rebouchez le trou en pensant que ces impuretés se dissolvent dans les profondeurs de la terre.

Vous concluerez chaque séance en vous lavant les mains et les avant-bras sous l'eau du robinet.

Ce dernier acte est à effectuer *physiquement*.

Pour être en mesure d'aider les autres, il est impératif d'être soi-même en bonne santé, bénéficiant d'un maximum de tonus. Par conséquent, efforcez-vous de vivre le plus souvent possible au contact de la nature. Aussi souvent que vous le pouvez, appliquez-vous à respirer en prenant conscience de votre respiration. Pratiquez la marche fréquemment. Une excellente technique pour se recharger consiste à se promener en forêt, à choisir un arbre robuste (un chêne de préférence) et torse nu à l'embrasser, c'est-à-dire à coller votre poitrine contre son écorce et à encercler son tronc de vos deux bras.

Nous voici parvenus au terme de cette initiation au magnétisme. Le prochain et dernier chapitre de cette partie sera réservé à la beauté.

Comment magnétiser en direct

Protection:

Le soleil: Créez l'image mentale du soleil. Développez votre soleil en respirant profondément et en imaginant que chaque inspiration dilate votre création mentale.

Chauffez votre corps à ce soleil.

La bulle: Créez l'image mentale d'une bulle dans l'espace.
En la faisant tourner dans le sens inverse des aiguilles d'une montre, dilatez-la.
Visualisez votre corps énergie et projetez-le à l'intérieur de la bulle.
Voyez votre corps au sein de la bulle, éclairé par votre soleil.

Traitement magnétique:

Cette technique associe le magnétisme et la visualisation. Les passes magnétiques sont accomplies par votre corps physique, toutefois vous devez imaginer que le traitement est donné par votre corps énergie.

Technique du balayage:
Le dégagement du patient s'effectue par un balayage de la main droite pratiqué du sommet de sa tête aux pieds, latéralement, en descendant.

Dépoussiérage du magnétiseur:

- Visualisez votre corps énergie quittant sa bulle.
- Voyez-le dans un champ, creusant un trou.
- Nettoyez vos mains et vos bras, en visualisant les effluves récupérés s'enfouissant dans le trou.
- Rebouchez le trou en pensant que ces impuretés se dissolvent.
- Concluez en vous lavant les mains et les avant-bras sous l'eau courante.

La visualisation et votre beauté

Tout comme chaque individu a le droit à la santé, il est parfaitement naturel et sain d'aspirer à la beauté. Les canons de la beauté changent selon les époques et en fonction des modes, aussi serait-il ridicule de vouloir imposer des critères bien précis. De plus, essayez d'imaginer, juste un instant, un monde peuplé d'hommes et de femmes dont les caractéristiques physiques seraient identiques. Je ne sais ce que vous en pensez, mais il me semble qu'un tel monde serait mortellement ennuyeux. L'ennui naît toujours de l'uniformité.

Il n'existe guère d'individus laids. La laideur, comme la plupart des concepts, est le résultat de critères subjectifs, inventés de toutes pièces par les hommes.

Nous connaissons tous autour de nous des gens qui ne sont pas nécessairement très beaux et qui pourtant savent charmer. La séduction n'est pas forcément consécutive de la seule et unique beauté, elle naît de l'accentuation et de la mise en valeur de certains détails de notre anatomie ou de notre physionomie. Ajoutez à cela le charisme ou magnétisme personnel.

Le célèbre séducteur Casanova était loin de posséder un physique de jeune premier ce qui ne l'empêcha nullement, s'il faut en croire les chroniques, de mener une longue carrière amoureuse, jalonnée de très nombreuses conquêtes.

Selon les époques, les canons de l'idéal physique changent. Ainsi, dans l'Antiquité — la statuaire grecque, notamment, l'atteste — les femmes bien en chair étaient à l'honneur. Dans nos sociétés modernes, les stéréotypes de la mode véhiculent l'image d'une femme idéale plus aérienne, élancée, une sorte de sylphide ou de beauté façonnée dans les moules de Tanagra. La Vénus callipyge ne fait plus recette.

Si vous appartenez à la catégorie de ceux qui veulent absolument posséder une silhouette répondant aux critères de la mode actuelle, la visualisation peut vous aider. La visualisation est un complément utile à adjoindre à un régime visant à perdre du poids. En outre, les affirmations permettront d'éviter les désagréments nerveux allant souvent de pair avec un régime. Les affirmations peuvent également être employées pour stabiliser son poids idéal, une fois ce dernier atteint.

Quelques conseils supplémentaires vous indiqueront la voie à suivre dans ce domaine. Il vous appartiendra de faire le reste, en usant de votre imagination et des ressources de votre créativité.

Il est essentiel que vous preniez conscience du rituel de votre toilette, car il s'agit véritablement d'un rituel, au sens de ceux qui font partie d'une opération magique.

Lorsque vous prenez un bain ou même une

douche, appréciez pleinement le contact de l'eau chaude sur votre corps, profitez consciemment de sa valeur apaisante. Imaginez que vos kilos superflus sont entraînés par l'eau, qu'ils sont emportés et disparaissent.

De même, lorsque vous vous maquillez, Mesdames, n'agissez pas machinalement, comme des automates, mais soyez attentives au tracé d'une courbe, à la touche de soleil artificiel que vous posez sur vos joues.

Lors de l'application d'une crème de jour ou de nuit, prenez l'habitude d'affirmer que votre peau aime à recevoir les soins que vous lui prodiguez. Lorsque vous appliquez ladite crème efforcez-vous, tout en massant, de penser que votre peau retrouve son élasticité et sa fermeté. Elle vous sera reconnaissante de l'attention que vous lui témoignez. De jour en jour, elle deviendra plus belle, plus douce.

Le simple fait de se laver les cheveux ou même les dents doit être entouré de toute l'attention dont vous êtes capable. Prenez soin de votre personne. Il n'y a rien de pire que la routine, les actes exécutés mécaniquement, sans qu'intervienne notre conscience. Apprenez à aimer votre corps en lui donnant les soins qu'il mérite et n'hésitez pas à communiquer avec lui. Communiquer équivaut à « être en relation » et aussi à s'ouvrir. Par conséquent, établissez des relations avec votre corps et évitez l'attitude qui consiste à le considérer comme une entité vivant de façon autonome. Votre corps et vous ne faites qu'un. Il partage vos doutes, vos soucis, vos craintes mais également vos espoirs, vos joies et vos plaisirs.

A ce titre, *votre corps est ce que vous êtes.*

Nous sommes tous des alchimistes, en ce sens que nous pouvons séparer le subtil de l'épais et transmuter nos éléments grossiers. Le corps est notre athanor, un fourneau bien réglé, à la température constante. Il nous appartient de le conserver en bon état de fonctionnement. Il se peut que notre comparaison vous semble osée, voire outrancière.

Les alchimistes possédaient un axiome: « Fixer le volatil, volatiliser le fixe. » Cet axiome qui leur servait à désigner certaines opérations bien précises peut s'appliquer dans le domaine qui nous occupe. Ainsi, si vous remplacez ces termes par le mot « pensées », ce conseil prend une résonance toute particulière. « Fixer les pensées. Ayez les idées fixes. »

Nos pensées — celles qui traversent notre mental à chaque seconde qui passe — sont fugitives, donc volatiles. Tout l'art de la visualisation consiste à « fixer » ces pensées — la plupart du temps inconscientes — à les maintenir captives. Une fois la pensée rendue fixe, il faut la volatiliser, la dissiper, la faire passer à l'état de vapeur — autrement dit la laisser partir —. La sagesse populaire a conservé la trace de ce secret et la célèbre expression « avoir des idées fixes » n'a pas d'autre origine.

Il est possible que certains d'entre vous soient tentés de hausser les épaules, refusant de croire qu'il faille dialoguer avec son corps, se demandant comment des affirmations pourraient avoir le moindre effet physique.

Ici, nous touchons peut-être au point le plus mystérieux et le plus mal compris relatif au fonctionnement des techniques de visualisation. A notre connaissance, aucun auteur ayant traité de ce sujet n'a révélé ce qui va suivre.

User des affirmations revient à nommer, or nommer c'est créer. La pensée, qu'elle soit exprimée ou non, constitue le *verbe. Le verbe est créateur.*

Il se sert pour créer :
— de la *volonté* ;
— de la *parole* ;
— du *geste*.

Quelqu'un prononçant : « Je veux » ou exprimant ce vouloir par un geste concis, obtient ce qu'il veut, ce qu'il veut vraiment. La parole (ou la pensée affirmée) n'exprime pas une idée, elle la crée.

Pour conclure ce chapitre, nous insisterons sur l'importance que revêt le dialogue avec son corps, car ce dialogue est une preuve d'amour. N'oubliez jamais que pour être aimé, il faut commencer par s'accepter et s'aimer soi-même !

Les fondements physiques de la visualisation
La constitution de l'univers

Le monde n'existe que pour être détruit par la pensée.

Gustav Meyrink

De l'infiniment petit à l'infiniment grand

La phrase placée en exergue de cette partie est extraite du célèbre livre de l'écrivain Gustav Meyrink : *Le Golem*. Meyrink, contrairement à l'image que véhiculèrent les universitaires et les milieux littéraires, ne fut pas un auteur léger, spécialisé dans le fantastique. Il fut un grand initié, pour autant que ce terme ait une signification réelle. D'ailleurs, fait peu connu du public, Gustav Meyrink fut un haut dignitaire de l'ordre de la Rose-Croix.

Dans *Le Golem*, il fait dire à Hillel, l'archiviste : « Le monde n'existe que pour être détruit par la pensée... Alors seulement commence la vraie vie. » Phrase mystérieuse et pourtant chargée de sens !

En quelques mots, Meyrink nous a livré la clé qui ouvre la porte du monde réel ou sensible et permet l'accès à la réalité suprasensible : « l'essence ». Autrement dit, le monde est apparence et au-delà de cette apparence se trouve l'essence. Le monde est le reflet d'une autre essence : de l'homme lui-même.

Dans cet ouvrage nous n'avons rien affirmé d'autre. Il s'est agi de détruire l'Ancien Monde par la pensée et à en bâtir un Nouveau à l'aide de cette même pensée. Ensuite seulement, commence effectivement la vraie vie.

Délire, spéculations téméraires, pensez-vous ? Dans ce cas, la physique actuelle est atteinte d'un mal identique !

La constitution du monde selon les Anciens

Toutes les traditions, possédaient le secret des origines de l'Univers, secret soigneusement dissimulé sous le voile d'allégories, occulté aux profanes.

Plus près de nous, les alchimistes rédigèrent de sombres textes, dans une terminologie étrange, incompréhensible du commun des mortels, évoquant tantôt une mystérieuse « Prima Materia » et une non moins mystérieuse « Materia Prima ».

Ils parlaient de deux voies, l'une sèche ou brève, l'autre humide et longue. Histoire de brouiller davantage les pistes, ils habillèrent leurs opérations du nom de divinités grecques ou romaines, puis par un étrange caprice substituèrent à ces mythes le récit de la Passion du Christ. Que faut-il penser de tout ceci ?

Que la transmutation des métaux est non seulement possible, mais qu'elle est une réalité et ce, justement en raison de cette croyance « insensée » en l'unité de la matière. En fait, les Anciens allèrent bien plus loin et, comme nous le démontrerons ci-après, ils étendirent cette fameuse unité à l'ensemble de tout ce qui est : « matière » et « non-matière ».

Lorsque certains auteurs crurent possible d'assimiler « Prima Materia » et « Materia Prima », ils eurent tort et raison à la fois, mais cette raison leur échappa et nous allons expliquer pourquoi.

La « Prima Materia » ou Première Matière ne désigne nullement un corps minéral ou métallique (ce dernier est qualifié de matière première) mais exclusivement l'« agent magique » ou encore le Grand Arcane, autrement dit : le Feu secret ou encore pour parler comme un scientifique moderne : l'énergie ayant présidé à la vie.

C'est cette énergie qui fut soigneusement cachée par les francs-maçons et les écoles rosicruciennes du passé dans le monogramme du Christ, qui, selon ses termes était « la Lumière » et venait « mettre le feu au monde » (la Vie).

La célèbre inscription I.N.R.I. qui sous sa forme exotérique signifie : Jésus de Nazareth roi des Juifs, serait l'abréviation de la formule : *Igne natura renovatur integra* (La nature est renouvelée entièrement par le feu).

Franz Mesmer, au XVIIIe siècle, se faisant le propagandiste du magnétisme animal qu'il baptisa mesmérisme, ignorait sans doute qu'il redécouvrait l'une des applications primaires de cette énergie. A sa décharge, il faut remarquer que ses précurseurs avaient revêtu l'énergie en question d'une foule de noms variés.

Platon, tout comme les initiés égyptiens, la nommait Noũs — bien qu'on puisse discuter sur les mots Noũs et Pneuma, le souffle vital et donc l'énergie, Noũs étant alors plutôt l'information — les Hébreux l'appelaient Ob, Aour (racine de Lumière) ou Ruach, indiquant par ces vocables sa qualité d'énergie lumineuse... Au Moyen Âge, tout l'art des maîtres verriers fut consacré à sa célébration.

Ceci explique — et je l'ai constaté par moi-même — que les ingénieurs en optique s'intéressent fréquemment à l'alchimie et ne nient nullement la possibilité théorique des opérations de transmutation puisqu'en fait ils en font en quelque sorte journellement. Précisons de suite et afin d'éviter l'argumentation habituelle, que ces transmutations n'étaient jamais effectuées par des procédés chimiques ou nucléaires à proprement parler.

Dans le passé, nombreux furent ceux qui possédèrent une connaissance authentique de cette science et de cet art (au sens de gnose). Rabelais dissimula le nom de l'agent derrière le terme *Thélème* (nom de son abbaye), le reprenant de la mythologie grecque. Hugo n'exposa pas autre chose dans son *Notre-Dame de Paris*, lorsqu'il évoqua la pierre philosophale ou Emeraude des Sages au travers d'Esmeralda (le nom parle de lui-même), laquelle est égyptienne, donc mate de peau (Isis la noire, Isis confondue dans la tradition avec la reine de Saba ou de Caba).

Plus proche de nous — qui s'en serait douté ? — le très sévère et sérieux Marcel Proust n'ignora pas ces traditions et l'on pourrait se poser de bon droit des questions quant aux raisons qui l'incitèrent à introduire dans son œuvre l'épisode de la célèbre et ô combien étrange madeleine. Il serait un peu facile de n'y voir qu'une nostalgie enfantine ou une passion immodérée pour cette pâtisserie.

Cette madeleine qui se retrouve également dans la poésie du bon roi René évoque de par sa forme la coquille Saint-Jacques, chère aux alchimistes et aux pélerins en partance pour Compostelle, mais également Marie-Madeleine. N'est-ce pas cette même Madeleine qui dans l'Évangile, dit

« de Marie », avoue avoir reçu du Maître un secret que lui jalousent les apôtres ? Après avoir pleuré... comme une Madeleine, elle se propose de leur transmettre ce secret... le secret du *Noûs* ou de Pneuma... donc de l'énergie.

L'esprit était l'unité, constitué d'énergie ou de lumière et composé de positif et de négatif mélangés. L'Esprit créait le corps, grâce à l'énergie et pour ce faire, il séparait le négatif et le positif contenus dans ladite énergie. Ainsi séparés, le négatif et le positif se manifestaient dans la matière, autrement dit, ils donnaient naissance à la vie terrestre. La créature évoluant dans le monde physique était considérée comme composée d'un corps (part négative de l'Esprit) et d'une « âme » ou « esprit » (part positive de l'Esprit).

Descartes n'était en rien un esprit timoré et son nom ne peut être associé à un quelconque rationalisme. Les biographes du philosophe baptisèrent pudiquement « Songe de Descartes » une expérience mystique qui troubla profondément le savant père du *Discours de la méthode*. Il est probable que le voyage de Descartes aux Pays-Bas ne fut pas innocent et qu'il rencontra lors de son séjour des membres de la Rose-Croix. Ce fait a souvent été mis en doute. Pourtant un certain nombre d'indices plaident en faveur de cette rencontre.

Il existe une identité parfaite entre la doctrine cartésienne : *le vide n'existe pas* et la pensée rosicrucienne plus ancienne : *le vide ne se trouve nulle part*. C'est ce que disent tous les physiciens depuis einstein.

Par ailleurs, si Descartes stigmatisa les faux savants en chimie et en astrologie, il ne fit que calquer son attitude sur la mise en garde véhiculée par l'un des textes fondamentaux de la Rose-Croix : *La Confession*. Enfin par quel caprice inexplicable signa-t-il son œuvre des initiales R.C. et non R.D. comme l'aurait exigé la logique ?

De nos jours le mouvement dit « Nouvel Âge » est appelé à prendre une considérable extension parce qu'il propose justement une approche globale de l'homme et de l'univers, en alliant les enseignements de la Tradition aux résultats les plus pointus de la recherche scientifique.

Physique et Métaphysique

Depuis les travaux de Max Planck, traitant de la mécanique quantique, la physique avance à grands pas et paradoxalement tout en suivant la voie du futur, se trouve ramenée à un lointain passé qualifié, il n'y a pas si longtemps, de période obscurantiste.

Peu à peu, la science s'aperçoit que rien ne la séparait des traditions et des religions, si ce n'est la distance de la compréhension et l'utilisation d'une terminologie différente. Bien que science et religion ne se situent pas sur le même plan, elles ont un certain nombre de rapports.

Demain verra — nous en découvrons déjà les signes avant-coureurs autour de nous — l'harmonisation de ces deux formes de pensée. La raison guidée par la conscience n'en sera que plus éclairée, du moins tel est le souhait que nous pouvons formuler.

Il existe une analogie fondamentale entre les religions, la tradition, la physique des particules et certains des travaux menés en psychanalyse. Nous ouvrirons d'ailleurs cet exposé en évoquant les faits qui firent découvrirent à Jung la « synchronicité ».

Ce terme, en apparence barbare, désigne une observation que fit de nombreuses fois au cours de son existence le grand psychanalyste suisse Carl Gustav Jung. L'une de ses patientes lui racontait un jour son rêve. Elle avait vu en songe un scarabée d'or. Jung se mit à lui expliquer la signification symbolique de ce rêve. Il exposa qu'il s'agissait de la renaissance comme l'enseignaient, 5 000 ans auparavant, les Égyptiens, lesquels avaient « divinisé » ce beau coléoptère. Tandis que Jung parlait, un scarabée doré, bien vivant, vint frapper à l'extérieur de la vitre fermée du cabinet. La scène se déroulant en hiver, grande fut la surprise du savant. En cette saison, nul n'est habitué à rencontrer des scarabées de ce type et en territoire helvétique moins qu'ailleurs. Jung en fut troublé et se posa les questions suivantes :

— Pourquoi cette apparition ?
— Confirmation du rêve de sa patiente ? Témoignage de l'imminente guérison de cette dernière ?
— D'où provenait ce coléoptère ?
— Du néant ?
— D'un univers parallèle ?
— Fut-il appelé par la pensée de la patiente ou par la sienne ?
— Peut-être par leurs pensées conjuguées !

Toujours est-il que Jung, étonné de cet événement, travailla à l'élaboration de sa théorie de la synchronicité, aidé en cela par le physicien Wolfgang Pauli. Ces coïncidences étaient très proches de celles observées au cours de certaines expériences de physique quantique.

Jung croyait en l'existence d'une énergie vitale, primordiale et universelle dont l'orientation selon qu'elle est intérieure ou extérieure donne naissance aux deux types psychologiques fondamentaux: introverti et extraverti.

L'explication, étonnante certes, mais la plus probable, pourrait bien résider dans l'action, en l'occurrence involontaire, de tirer de l'hyperespace le sujet, en état de synchronicité avec la pensée. Si une telle hypothèse était vérifiée, il faudrait en conclure que l'énergie vitale — quel que soit le nom qu'on lui donne — suffit à créer toute forme-pensée ou pour être plus précis, à matérialiser l'objet présent dans la pensée. Ceci équivaudrait à vérifier ce que les rosicruciens nomment le principe d'adhésion et de cohésion et que l'écrivain Richard Bach appelle le *processus d'aimantation*. Les religions, dans le domaine du sacré, ont toujours fait état de cette propriété.

Il y a de cela quelques décennies, les physiciens pensaient avoir des chances de percer à brève échéance les secrets de la création. De découverte en découverte, force fut de constater qu'il y avait loin « de la coupe aux lèvres ». Les limites de la compréhension que nous pouvons avoir de notre univers, reculèrent avec la découverte des différentes particules. Les scientifiques s'étonnèrent, à juste titre, de l'étrange comportement de « sous-particules » qualifiées d'absurdités logiques à l'époque où la connaissance que nous en avions demeurait à l'état mathématique théorique.

La physique a d'abord cru que l'atome était l'ultime chaînon de la « matière », le plus petit élément, un tout indivisible. La découverte d'un noyau, lui même composé de protons positifs et de neutrons autour desquels tournent des électrons, contraignit la science à réviser sa conception. Au-delà de ces particules élémentaires s'en trouvèrent d'autres et aujourd'hui on en compte plus d'une trentaine. Certaines de ces particules, dans leur comportement, vont à l'encontre de toutes les lois de la physique classique.

Depuis quelques années déjà et ce, en liaison directe avec ces étranges particules, certaines écoles mettent en doute la théorie de la relativité ; c'est le cas de la fameuse gnose de Princeton et plus récemment des savants d'Arizona. Rappelons qu'Einstein postula que la vitesse de la lumière était une vitesse limite. Cette théorie impliquerait-elle qu'à cette vitesse le temps s'arrête et qu'on ne vieillit plus ?

A ce sujet, ouvrons une courte parenthèse. Nous avons eu l'occasion de dire que la science n'admettait de reconnaître pour authentiques que les faits reproductibles à volonté en laboratoire. Or, lorsqu'il fut question de vérifier expérimentalement la théorie d'Einstein connue sous le nom de « théorie de la relativité restreinte », des trois expériences réalisées, une seule confirma les hypothèses du génial savant. Curieusement, les deux essais négatifs furent ignorés et la théorie d'Einstein se trouva validée par une unique expérimentation. Le corps scientifique présent à l'époque ignora délibérément la sacro-sainte règle de la reproductibilité des phénomènes.

Voici une anecdote concernant Albert Einstein, qu'indique ce que lui-même pensait de ces « vérifications » :

« Vous devez être content, lui dit quelqu'un en une certaine occasion.

— Ce n'est pas mal, se contenta de répondre le savant sans enthousiasme.

— Comment ? Pas mal, s'étonna son interlocuteur. L'expérience a prouvé que vous aviez raison.

— Je faisais allusion à la photo dans le journal, objecta Einstein. Je n'ai pas besoin de vérification pour savoir que j'ai raison ! »

Nous savons depuis que même les théories d'Einstein se trouvent remises en question. La vitesse de la lumière est-elle réellement une vitesse limite dans notre univers ?

Dans d'autres univers, il se peut qu'une telle limitation n'existe pas. Il se peut également que, dans certaines conditions précises, notre monde, et par conséquent nous-mêmes, puissions interférer avec de tels univers. Cette réflexion débouche sur les notions d'antimatière et de mondes parallèles, hypothèses longtemps considérées comme farfelues et que certains scientifiques considèrent désormais du domaine des possibilités — à défaut d'être prouvées.

Le petit monde des certitudes scientifiques bascula avec la naissance de la physique quantique, laquelle ne s'exprime plus en termes de particules mais de grains d'énergie et d'ondes. Dès 1927, reprenant les travaux de Niels Bohr, Heisenberg en arriva à la conclusion que les particules n'ont *pas d'existence concrète*. Elles posséderaient seulement une *probabilité d'existence*. A titre d'exemple, on ne peut voir le proton dans une chambre à bulle, on voit sa trace. La matière n'a *pas de réalité intrinsèque*, elle possède une sorte d'état latent que nous percevons par ses effets. Ce point ne peut plus être nié et c'est ce qui fit affirmer à un physicien que la matière est *un événement devenu tangible*, *un comportement rendu sensible*. L'abstraction est réalité. Et la physique ajoute : *l'Univers est une abstraction et c'est mis en équations qu'il est encore le plus vrai.*

Dans ce cas, qu'est-ce que la Réalité si ce n'est une réalité à différentes échelles ?

Les hindouistes, de par leur tradition philosophique, curieusement, semblent de tout temps avoir su à quoi s'en tenir, aussi déclarent-ils : le monde est *Mâyâ*, autrement dit une manifestation du voile de l'illusion. Cette conviction est à rapprocher de la vision de Kant quant au monde des noumènes et des phénomènes. Les sociétés initiatiques véritables, quant à elles, ont toujours affirmé et enseigné à leurs membres qu'il existe une différence entre la réalité et l'actualité. Leur démarche est similaire à celle des hindouistes.

Au début du XXe siècle, on définissait la particule par trois nombres : celui de sa masse, celui de sa charge électrique et celui de son moment magnétique. Par la suite, il devint nécessaire d'introduire une notion supplémentaire : le *spin*.

Le *spin* est pratiquement indéfinissable à l'aide de notre langage courant. Il correspondait, pensa-t-on, dans un premier temps, à une période de rotation de la particule sur elle-même. L'explication en question était par trop simpliste et il s'avéra que le *spin* était simplement le *spin*, soit une quantité d'énergie liée à la particule, se présentant mathématiquement comme une rotation, sans que quoi que ce soit tourne dans la particule. La découverte de particules au comportement de plus en plus étrange obligea la science à introduire une cinquième notion, sans que l'on puisse savoir quelle quantité de nouveaux nombres il faudrait créer. Ce sont ces nombres qui furent nommés « nombres quantiques d'étrangeté ».

Et étranges, pour sûr, les particules le sont.

Ainsi, peut-on apprendre par exemple l'existence d'un électron passant simultanément par deux trous situés à faible distance l'un de l'autre, à faible distance mais pourtant différents ! Curieux cet électron doué d'ubiquité et qui cependant existe. Dans le même ordre d'idée, nous savons à présent que la lumière est à la fois brisée et continue, particule et onde.

Parmi ces particules, certaines ont une durée de vie excessivement brève, ce qui ne facilite en rien leur observation ou leur identification. Rien que le fait de les observer en utilisant des rayons lumineux ou des rayons X, suffit à déformer leur trajectoire et à modifier leur énergie. Ces points furent compris dès 1927 par Werner Heisenberg, lequel formula ce que nous connaissons sous le nom de « principe d'incertitude ». Selon ce principe, on ne peut jamais attribuer à un corpuscule élémentaire, à un instant donné, une position et un état de mouvement parfaitement déterminés.

La thèse probabiliste d'Heisenberg et sa mise au point, la « fonction de probabilité », partent du principe selon lequel, dans toute observation scientifique, existent *en partie* un fait et *en partie* notre connaissance du fait.

L'extrait que nous citons ci-dessous, des travaux d'Heisenberg, possède une résonance hautement philosophique, pour ne pas dire métaphysique :

« ... On espérait que ces particules élémentaires représenteraient la réalité objective ; c'était une simplification trop grossière des faits réels, et elle devait céder la place à des conceptions plus abstraites...

...Chaque processus d'observation provoque des perturbations considérables dans les particules élémentaires de la matière. On ne peut plus du tout parler du comportement de la particule sans tenir compte du processus d'observation...

...La question de savoir si ces particules existent en elles-mêmes, dans l'espace et le temps, ne peut donc plus être posée sous cette forme ; en effet, nous ne pouvons parler que des événements qui se déroulent, lorsque, par l'action réciproque de la particule et de n'importe quel autre système physique, par exemple des instruments de mesure, on tente de connaître le comportement de la particule....

La conception de la réalité objective des particules élémentaires s'est donc étrangement dissoute... »

Dissoute également, pouvons-nous ajouter, la possibilité de recourir à la manie de la reproductibilité des phénomènes. Le monde de l'infiniment petit est étrange et surprenant. Nous n'évoquerons que le tachyon. Son nom a été créé à partir du mot grec *tachus* (rapide). Rapide, il l'est notre tachyon ! Irait-il plus vite que la lumière ? Il semble que ce ne soit pas le cas, tout au moins selon Feinberg qui postula en 1966 l'existence de cette particule au comportement hérétique. Et Feinberg d'expliquer que lors de la création de particules élémentaires — produits de la désintégration d'autres particules, leurs propriétés — énergie et vitesse — varient de façon discontinue, si bien que les arguments sur l'impossibilité de franchir le mur de la lumière (tel celui de l'inertie devenant infinie) ne sont plus valables. Depuis, on a prouvé que les Tachyons vont toujours plus vite que la lumière.

Une curieuse théorie a fait couler beaucoup d'encre, celle dite de la « lanière de botte » (*bootstrap*). Elle énonce que la nature ne peut être comprise que dans son autoconsistance, chaque composant étant consistant avec lui-même et avec tous les autres. Plus simplement, cela revient à dire que : Tous sont dans un et Un dans tous. Dans le langage des physiciens, cela implique que chaque particule consiste en toutes les particules. Les hadrons (particules lourdes du noyau atomique) sont des structures composées dont les composants sont à nouveau des hadrons, dont aucun n'est plus élémentaire que les autres. Chaque hadron est « maintenu » par des forces associées avec l'échange d'autres hadrons dont chacun, à son tour, est maintenu par des forces émanant du premier hadron.

Ainsi, chaque particule aide à créer les autres particules qui la créent elle-même : la globalité des hadrons s'autogénère de cette façon et, en quelque sorte, « se tire par ses lanières de botte ». Cette théorie nous entraîne à en mentionner une autre.

Chacun connaît ces médaillons, vendus dans le commerce, et présentant une image en trois dimensions. Ces images possèdent une propriété remarquable, celle d'exister dans la plus petite parcelle du médaillon. Autrement dit, l'image figurant dans le médaillon est composée d'une multitude d'images semblables à elle-même. Ces médaillons se nomment des hologrammes. Partant de cette observation, les physiciens ont créé le terme « holonomie », lequel sert à désigner la vision du tout dans l'un, l'existence de l'Univers dans un grain de sable.

Le neurochirurgien-psychologue Karl Pribam a, de son côté, formulé l'hypothèse selon laquelle le cerveau opérerait à la façon d'un hologramme complexe. Les expériences les plus récentes ont montré que la mémoire semble être distribuée dans l'intégralité du cerveau et n'être localisée nulle part.

De ces considérations, certains physiciens ont

conclu que le monde tel que nous l'appréhendons, avec ses objets spatiaux-temporels, n'est qu'un niveau de « réalité ». « Derrière » ou « au-dessus » ou encore « au milieu », il y a une autre réalité, baptisée par David Bohm « ordre implié de l'Univers ».

Bohm a travaillé avec Einstein et, avec Pribam, il cosigna en 1978 un article intitulé : « Une nouvelle perspective de la réalité ».

Dans le cadre de leur article, les deux savants expliquent que nos cerveaux construisent mathématiquement la « réalité concrète » en interprétant les fréquences d'une autre dimension, dimension qui est le domaine d'une réalité primaire, signifiante, organisée et transcendant l'espace-temps.

Cette « réalité holographique-implicite » serait la source des phénomènes paranormaux et mystiques.

Les principes du fonctionnement physique de la visualisation

Trois questions peuvent se poser en ce qui concerne les phénomènes liés aux techniques de visualisation :

- Quelle est la forme de l'énergie utilisée, du point de vue de la physique ?
- Les réussites obtenues grâce aux techniques de visualisation peuvent-elles s'expliquer de par la constitution de l'Univers, un univers différent du modèle accepté par la science classique ?
- La notion de réalité étant fortement remise en question, les changements que nous parvenons à opérer dans notre existence en utilisant la visualisation possèdent-ils une réalité ? Et si oui, cette réalité est-elle uniquement la nôtre ?

Nous allons nous efforcer d'apporter des réponses à ces trois interrogations, pour autant que cela sera possible, en nous appuyant sur les hypothèses de la physique actuelle.

Ces dernières années, une théorie scientifique générale explicative des phénomènes parapsychologiques a été formulée par l'Anglais Adrian Dobbs. Bien évidemment le public français n'a jamais entendu parler de cette théorie et il est probable qu'il ignore jusqu'au nom de Dobbs. Adrian Dobbs, mathématicien de Cambridge, travaillait pour l'armée anglaise à l'application militaire des phénomènes parapsychologiques. Oui. Ces recherches existent. Dobbs est mort dans des circonstances étranges en 1970.

Pour suivre Dobbs, il faut partir d'un temps à deux dimensions. L'idée en elle-même n'est pas très originale, si ce n'est que la seconde dimension du temps en question ne serait pas linéaire, mais seulement probable. Pour se faire une idée de ce « temps », il convient d'imaginer un système de coordonnées dont l'un des axes serait droit et le second ondulé...

Cette théorie fut prolongée et développée par d'autres chercheurs, elle rend compte de tous les phénomènes parapsychologiques, y compris la prévision du futur, de manière parfaitement scientifique. La théorie de Dobbs induit des particules nouvelles: les psitrons. Ces psitrons, dans le domaine de la pensée et de la probabilité, joueraient un rôle analogue à celui des photons en matière d'ondes. L'affaire est prise très au sérieux, à tel point que les services secrets de l'Est comme de l'Ouest s'intéressent de très près à cette théorie, laquelle permet d'envisager l'utilisation de sujets sensibles (des sensitifs) aux fins d'espionnage à distance.

En effet, les psitrons ne connaissent aucun problème de distance et Dobbs affirmait que ces particules ne pouvaient être arrêtées par aucune barrière, qu'elle soit de nature matérielle ou énergétique. Le psitron voyageant plus vite que la lumière, l'observation ayant recours à lui serait instantanée.

De plus, l'énergie utilisée par l'émission et la réception du psitron étant extrêmement faible, le système nerveux humain suffirait à la produire. Les travaux de Dobbs ont été publiés en 1965. Depuis cette époque, Russes et Américains se livrent à de curieuses expériences sur la psychotronique ou bio-énergie.

L'orthogonalité peut sembler un terme barbare ; il s'agit en fait d'un mot qui pour les physiciens sert à désigner des mondes décalés — ce que les auteurs de science-fiction nommaient des univers parallèles, improprement. Ces mondes, se déployant à angle droit du nôtre, posséderaient leur propre espace-temps, leurs propres lois et systèmes de fonctionnement. Pour aboutir à cette hypothèse, les physiciens sont partis de l'expérience désignée sous le nom d'« expérience de la fente double ». Nous l'avons évoquée dans le chapitre précédent en parlant de ces particules passant simultanément dans deux trous différents, situés l'un à côté de l'autre. Ladite expérimentation atteste — faute de l'expliquer — la nature double de la « matière ». Notre incompréhension du phénomène, selon les physiciens Charles Musès et Thomas E. Bearden, provient du fait qu'on ne prend pas en compte l'aspect temporel. En effet, la science continue de s'appuyer sur la logique d'Aristote, dont les trois lois classiques se révèlent incapables d'expliquer les paradoxes, parce qu'elles reposent sur la notion d'espace, exclusivement. Pour Bearden, la quatrième loi, ou *loi métalogique*, inverse simultanément les lois aristotéliciennes. Toujours selon lui, tout ce qui demeure inexplicable par ces trois lois se trouve expliqué par la quatrième, une loi des paradoxes. Ceci fit dire au professeur Senkowski qu'il s'agissait d'une logique métaphysique du « ni oui, ni non ».

Nous pourrions résumer ce débat entre physiciens de la manière suivante :

— Ce que nous nommons la réalité repose sur une manifestation physique que nous percevons uniquement spatialement (sans tenir compte du temps).
— Un phénomène mental est une autre réalité, une réalité à la fois spatiale et temporelle.
— Pour la science cette dernière réalité entre dans le domaine des hallucinations, des rêves et de la schizophrénie.
— Pour cette même science classique, les manifestations paranormales sont celles appréhendées par plus d'une conscience, mais non par la conscience de toutes les personnes.

En fait, réalité ne signifie pas toujours et pour chacun la même chose. Cette réalité immuable — en apparence — dépend de l'état de conscience du moment et de certains facteurs extérieurs.

En 1957, Hugh Everett III et John A. Wheeler, professeurs à Princeton, présentèrent leurs travaux relatifs à « l'interprétation plurimondiste de la mécanique quantique », confirmant l'existence de mondes orthogonaux solidaires avec tout ce qui est vivant, avec les biosystèmes. Par suite, ils les dénommèrent également : biochamps. Selon leur théorie qui, à première vue, pourrait passer pour farfelue, les objets, les pensées, les rêves, les hallucinations, les apparitions et autre formes d'expression de notre conscience ou de notre inconscient, possèdent, à l'intérieur de leur zone d'activité spécifique, un statut de réalité adapté à leur matérialité. Autrement dit, ils sont présents, aussi réels et palpables que des objets matériels à l'intérieur de notre univers à trois dimensions. Everett et Wheeler font autorité dans le domaine de la physique théorique. Il est important de rappeler ce point, tant leur théorie peut paraître surprenante. Poussant leurs propos, les deux scientifiques supposent que la construction qualifiée de « réalité » se divise sans cesse depuis la naissance de notre univers, produisant, en quelque sorte, de nouvelles boutures, des modifications de la réalité, par ramification. Selon eux, avec chaque saut de quanta, naissent en quelques fractions de secondes des millions et des millions de réalités nouvelles. Certaines de ces réalités étant inconcevables, et se déployant orthogonalement (à angle droit) aux réalités antérieures. Rappelons à ce sujet que Max Planck avait énoncé l'hypothèse que les atomes émettent ou absorbent leur énergie rayonnante par intermittence — et non pas de façon continue — sous forme de grains d'énergie (quanta). Ces poussées d'énergie se nomment sauts de quanta.

Dans le sujet qui nous occupe, il faut entendre par « sauts de quanta » la ramification des réalités.

Par suite de cette production effrénée d'univers collatéraux depuis l'origine du monde (12 milliards d'années), il existe à présent une quantité pratiquement infinie de réalités, de possibilités d'évolution (futurs possibles) à l'échelle individuelle, mais aussi à celles des peuples, des planètes et des systèmes solaires.

Que deviennent toutes ces réalités se multipliant à l'infini ? Ces mondes sont-ils séparés ? S'interpénètrent-ils ? Ces réalités, que nous les utilisions ou que nous les ignorions, sont-elles recyclées et retournent-elles à la réalité initiale ou s'en vont-elles crever quelque part comme des bulles de savon ? Personne ne sait.

La théorie des mondes multiples ne peut être abordée à l'aide de nos vieux schémas de pensée, car elle postule un nombre infini d'états *relatifs*. Cette étrangeté faisait dire à Everett sur le ton de la plaisanterie : « Je ne suis convaincu de la validité de cette théorie que le lundi, le mercredi et le vendredi. »

En dépit de cette boutade, la théorie des mondes multiples est conforme aux fondements expérimentaux de la physique actuelle. Bearden, quant à lui, va encore plus loin.

Selon lui, il existe des possibilités d'échanges d'informations entre les mondes orthogonaux à l'état virtuel. Il appuie son hypothèse sur l'existence d'un canal temporel reliant les réalités.
Il suffit d'imaginer un axe vertical autour duquel s'organisent, en sens inverse des aiguilles d'une montre, d'innombrables biochamps (champs de bio-énergie) de nature matérielle ou dimensionnelle différente. Cela revient à imaginer un univers semblable à un livre ouvert en éventail, dont chaque page (ou chaque paquet de pages) représenterait un sous-univers.

Nous pourrions ainsi y voir les biochamps ou mondes suivants :

— Univers physique matériel — notre monde à trois dimensions, celui où nous évoluons.
— Univers électromagnétique — un monde de lumière (photons).
— Univers bioplasmique ou psychotronique — peut-être un monde au sein duquel opèrent les neutrinos.
— Univers de la conscience ou de la pensée-monde

virtuel ; de notre point de vue, il pourrait s'agir d'un point dans l'espace.

— Un univers similaire au précédent mais assorti d'une possibilité de croissance au niveau dimensionnel.

Le troisième univers ou univers de la conscience pourrait donner naissance à une multitude d'univers qui différeraient les uns des autres au point de vue dimensionnel. Avec ce modèle d'univers multiples, il semble possible de matérialiser un objet à trois dimensions en le faisant passer de l'univers de la conscience dans notre univers. La technique consisterait à faire tourner cet objet virtuel (fictif pour nous) trois fois à rebours autour de l'axe temporel (fictif lui aussi). Ce procédé mental de stimulation ressemble fortement aux techniques de visualisation et est employé par les sensitifs spécialisés dans les apports ou matérialisations.

Si nous avons la possibilité de matérialiser un objet à trois dimensions en le faisant passer de l'univers de la conscience dans notre univers, ce qui rejoint les affirmations de la Tradition. Cette dernière a toujours insisté sur l'importance de la tendance spiralée. Cette tendance spiralée se peut voir notamment inscrite dans les sculptures qui ornent nos cathédrales. Les spirales sont dextrogyres (tournant dans le sens des aiguilles d'une montre, à droite), lévogyres ou sinistrogyres (tournant à gauche). Ces notions sont à rapprocher de celles d'évolution et d'involution chères aux gnostiques. La formation des nébuleuses d'ailleurs en conformité avec ce principe, car ces dernières lors de leur naissance affectent un mouvement lévogyre.

Bearden postule qu'un seul et même objet existe en même temps et sous la même forme, quoique dans une matérialité différente dans tous les biochamps. Ceci revient à dire que dans le modèle des mondes multiples, chaque objet, pour nous matériel, apparaît dans les autres biochamps sous forme de surface (onde électromagnétique), de ligne (éventuellement de neutrinos) ou de point (la pensée). Partant de ladite théorie, notre « réalité » se révèle extrêmement plastique et fluctuante. La quatrième loi de la logique, évoquée précédemment, n'établit aucune distinction entre le vivant et l'inanimé, ou si vous préférez, entre la conscience et la « matière morte ».

Dans cette optique — et cette réflexion rend modeste — l'homme serait en quelque sorte semblable au héros de la nouvelle de Jorge Luis Borges *Les Ruines circulaires,* (Fiction), personnage ayant créé un homme en le rêvant et s'apercevant un jour que lui-même n'est que le songe d'un autre. Pareillement, en vertu de la quatrième loi de la logique, l'homme ne serait que la forme incarnée, matérialisée dans notre univers à trois dimensions, d'une pensée issue de l'une des innombrables réalités de conscience, rien d'autre qu'une manifestation matérielle avec des restes de conscience, qui, toute sa vie durant, cherche désespérément ses origines véritables. Lao Tseu n'avait pas dit autre chose.

Selon le professeur Hasted, il se peut, qu'à chaque instant de notre existence, nous nous mouvions simultanément au sein de plusieurs réalités. Ces réalités seraient presque similaires et dès lors nous apparaîtraient sous l'aspect d'un univers unique et compact.

La visualisation doit pouvoir fonctionner au fait qu'elle repose sur une utilisation des processus de la nature et de la loi de composition de la matière. La matière n'est que de l'énergie plus ou moins densifiée ; elle est perceptible par la vision que nous en avons et est révélée à nos yeux par la lumière. Notre perception des choses dépend de l'échelle d'observation.

En visualisant nous utilisons uniquement de l'énergie (ou pour simplifier de la lumière) sous forme d'images mentales, notre but étant justement de rendre vrais (tangibles) les événements pensés. Si nous avons évoqué la théorie de la lanière de botte et celle du modèle hologramme du cerveau, c'était afin de montrer comment certains scientifiques commencent à envisager très sérieusement la notion de l'unité de la matière. Ont été également mentionnés les théories de Bohm et de Dobbs, lesquels sont censés fonctionner de la même façon que les techniques de visualisation.

Bearden suppose qu'une information virtuelle existe quelque part, dans un autre univers ; cette forme de pensée pourrait alors, en traversant différents mondes, être densifiée jusqu'à devenir matérielle et par conséquent faire partie de notre réalité (de notre monde). Les mécanismes de visualisation ne visent à rien d'autre.

Note de l'éditeur :
Le lecteur pourra utilement se reporter à la bibliographie suivante pour plus amples informations sur certaines théories très complexes exposées ici :
Le temps du changement, Fritjol Capra, Le Rocher.
Le tao de la physique, Fritjol Capra, Éd. Sand.
La plénitude de l'univers, David Bohm, Le Rocher.
Les enfants du Verseau, Marylin Ferguson, éd. Calmann-Lévy, et l'introduction du livre d' Olentea de Veer, *Mieux vivre grâce à l'astrologie*, aux éditions Solar, où l'auteur cite les propos de Jacqueline Bousquet sur la théorie hadronique.

Une merveilleuse alchimie

Il vous appartient maintenant de mettre en pratique les principes qui vous ont été enseignés et de devenir les artisans de votre existence. Si votre vie actuelle ne correspond pas à vos aspirations, rien ne vous empêche d'en changer. N'oubliez pas que « le monde n'existe que pour être détruit par la pensée ». Vous avez toute liberté de procéder à cette destruction, car ce faisant vous ne détruisez que *votre monde*. Vous ne touchez pas à celui des autres. Toutefois, ayez toujours présent à l'esprit que détruire le monde par la pensée implique que vous soyez capable de le reconstruire selon vos aspirations profondes.

La visualisation est plus qu'une simple technique, un art ou même une science. Elle est tout cela à la fois.

La visualisation est un art de vie révolutionnaire, une science du global, permettant à chacun d'entre nous de changer — non seulement la matérialité de son existence — mais également et surtout sa conscience de l'univers. La visualisation est destinée à jouer le rôle d'« éveilleur de consciences ».

Nous avons vu que la physique défrichait de nouveaux territoires et s'enthousiasmait pour cette nouvelle quête. L'homme du XXe siècle ressemble fortement à un moderne Robinson Crusoé errant sur une plage déserte et finissant par rencontrer son Vendredi, à une variante près. Et c'est sans doute cette variante qui fit écrire à l'astronome anglais Eddington: « Nous avons, sur le rivage de l'inconnu, trouvé l'empreinte d'un pied étrange. Nous avons à ce sujet, édifié de savantes théories... Et voilà que nous reconnaissons l'empreinte de notre propre pied. »

Comment pourrait-il en être autrement puisque l'histoire de l'univers est également celle de l'homme? Il y a identité parfaite entre la créature et le milieu au sein duquel elle évolue. Ce point, les Anciens n'ont cessé de le répéter. Ainsi, dans le texte connu sous le nom de « Table d'Émeraude », il est écrit: « *Ce qui est en bas est comme ce qui est en haut; ce qui est en haut est comme ce qui est en bas.* » Ce texte fondamental demeure le guide le plus sûr de ceux qui se nomment les alchimistes.

Il existe de nombreux rapports entre l'art alchimique et la visualisation. Le physicien Jacques Ravatin écrivait: « L'une des démarches de l'alchimie est la construction sans support... » Cette démarche est également celle des techniques de visualisation.

Le but ultime de l'alchimiste était de parvenir à l'adeptat, de franchir la barrière du « réel ». Il s'agit d'une entreprise de rédemption individuelle, de réalisation. Ici et Maintenant. A l'opposé, et la religion catholique nous l'indique, à la fin des temps (à ne pas confondre avec la fin du monde) se situera la parousie (présence), ce qui se traduit pour ladite religion par le second avènement du Christ glorieux, la Lumière. Mais avant de connaître l'Âge d'Or, il faudra en passer par « l'embrasement », période au cours de laquelle le feu purificateur séparera le subtil de l'épais, opérant au plan de l'humanité ce que l'alchimiste accomplit dans son « petit monde », pour sa seule évolution.

Ce que les mouvements modernes nomment « Troisième Millénaire » ou « Nouvel Âge » n'est rien d'autre que « L'Ère du Verseau » omniprésente dans la littérature consacrée à l'avenir de l'humanité. Au cours de cet Âge du Verseau, ayant pour emblème Ganymède, dont la légende mythologique est riche d'enseignements, l'Esprit redescend. Ceci est conforme, d'ailleurs, à la signification du Verseau, lequel est le verseur des eaux célestielles, des ondes.

La Tradition que nous mentionnons est très ancienne, beaucoup plus que ne le sont les différentes associations engagées dans le « Nouvel Âge », lesquelles si elles ont droit à toute notre sympathie, sont encore semblables à de jeunes enfants ayant tout à apprendre du monde qui est le leur.

Avant tout, ce nouvel âge est l'Âge d'Être. Être positif, conscient de ses potentialités et aussi de ses limites. Être vrai, authentique grâce à l'Amour, sans lequel aucune visualisation ne serait possible. C'est l'Âge de prendre conscience que vous pouvez transformer vos désirs en réalité grâce aux pouvoir qui sont en vous. Vivez pleinement l'Âge d'Être. Il est lumineux.

Les techniques relatives à la guérison spirituelle et au magnétisme curatif, décrites dans cet ouvrage, m'ont été enseignées par mon ami Jean-Pol Pierre. Ma famille et moi-même lui sommes très redevables de traitements particulièrement efficaces qu'il nous accorda en certaines circonstances pénibles.

Jean-Pol Pierre travaille en étroite collaboration avec des membres du corps médical, lesquels n'hésitent pas à lui adresser leurs propres patients.

Achevé d'imprimer en août 1990
sur les presses de Cox and Wyman Ltd
(Angleterre)

Dépôt légal : septembre 1990
Imprimé en Angleterre

LA MORT EST UN NOUVEAU SOLEIL

ELISABETH KÜBLER-ROSS

Un voyage fabuleux au-delà du monde sensible. Les expériences scientifiques du docteur Kübler-Ross, reconnues dans le monde entier, permettent de confirmer l'existence d'une vie après la mort. Il s'agit bien du passage à un autre état de conscience dans lequel on continue à sentir, à voir et entendre, à s'épanouir. Les témoignages saisissants livrés ici en sont la preuve. La mort est renaissance et vie. La mort est un nouveau soleil.

CES POUVOIRS QUI SONT EN VOUS

JOHN VOLKMAR

Décuplez vos possibilités en développant la force qui est en vous. Il vous est possible d'y parvenir au calme chez vous et de vous révéler à vous-même sans gourou. Pour cela, John Volkmar vous innitie en douceur à la relaxation, à l'écoute active, à la visualisation, à la lecture de l'aura, à la thérapie par la couleur, etc. Un livre simple et pratique pour réussir sa vie par la maîtrise des énergies.

NAÎTRE ET RENAÎTRE DANS L'EAU

MICHEL ODENT

Mondialement connu comme le pionnier de l'accouchement dans l'eau, Michel Odent nous raconte ici la merveilleuse histoire de notre naissance. Au fil du récit où l'on partage ses émotions de médecin accoucheur, il nous transporte dans le monde mystérieux des mythes, des fantasmes, des instincts jusqu'à la source même de la vie : l'eau. Ce livre magique est le roman de l'eau, maternelle, bienfaitrice, érotique. On ne le quitte qu'à regret comme un bain de jouvence.

LA VIE SECRÈTE DES PLANTES

P. TOMPKINS - C. BIRD
PRÉFACE DE MIKE DELCLOS

Les plantes aussi peuvent s'évanouir de douleur ou de joie. Plantes qui détectent le mensonge, plantes sentinelles, plantes télépathes, voici un reportage fascinant au cœur du monde végétal. Un monde vivant, sensible, doué d'intelligence et d'émotion nous est ici révélé. On découvre que la conscience n'est pas l'apanage du seul homme et aussi qu'on n'obtient rien des plantes sans amour. Un message à méditer pour retrouver l'harmonie avec la Nature et sauver notre planète.